Kaspar Heißel / Martin Haberer

Taschenatlas
Stauden

312 Stauden
für Garten und Landschaft

5., aktualisierte Auflage

Vorwort

Stauden sind aus unseren Gärten nicht wegzudenken. Denn sie bereichern Pflanzungen jeden Stils, vom Naturgarten bis hin zum architektonisch-strengen Stadtgarten. Sie bringen mit ihren Blüten Farbe ins Beet oder beeindrucken als Blattschmuckstauden. Stauden sind also Alleskönner.
Ich möchte mit diesem Buch zu mehr Verständnis und besserer Kenntnis der Stauden beitragen. Jede Art wird mit einem Foto vorgestellt. Im Text werden Herkunft, die wichtigsten botanischen Merkmale, Hinweise zur Verwendung und Pflege erwähnt. Auf ähnliche Arten und Sorten wird verwiesen.
Dieses Buch richtet sich in erster Linie an den Nachwuchs im Gartenbau und der Floristik. Es werden vorrangig die Stauden beschrieben, die während der Ausbildung und in der späteren Berufspraxis eine große Rolle spielen. Aber auch der Gartenbesitzer findet nützliche Informationen und Hilfe bei der Auswahl einer geeigneten Staude für seinen Garten.

Martin Haberer, Nürtingen

Inhaltsverzeichnis

Einführung

Die Gewächse in diesem Werk sind in alphabetischer Reihenfolge nach Gattungen und Arten geordnet.

In der gärtnerischen Praxis ist der Gebrauch der botanischen Namen üblich. Daneben sind auch die gebräuchlichen deutschen Namen aufgeführt. Die Familienzugehörigkeit ist jeweils angegeben. Für die wichtigen Aspekten der Unterscheidungsmerkmale wurde eine Anzahl von besonderen Zeichen entwickelt, die in einem speziellen Datenblock zusammengefasst wurden.

Systematische Übersicht

Die wissenschaftliche Benennung der Pflanzen mit mindestens zwei Namen, also Gattungs- und Artnamen (binäre Nomenklatur), geht auf den schwedischen Naturforscher Carl von Linné zurück, der im Jahre 1753 sein wichtigstes Werk über die Klassifizierung des Pflanzenreiches veröffentlichte. Seine Arbeiten bilden heute noch die Grundlagen der Pflanzensystematik.

Demnach wird das Pflanzenreich in 17 Abteilungen gegliedert. In diesem Taschenatlas sind davon nur Pflanzen aus folgenden gärtnerisch wichtigen Abteilungen aufgeführt:

15. Abteilung: *Pteridophyta*, Farnpflanzen. Sie vermehren sich generativ durch Sporen.

17. Abteilung: *Angiospermae*, Bedecktsamer. Diese gliedern sich in Einkeimblättrige (wie Gräser, Orchideen u.a.) und Zweikeimblättrige (wie Asterngewächse u.v.a.).

Jede Abteilung ist weiterhin gegliedert in Klassen, Ordnungen und Familien. Innerhalb der Familie erfolgt die Gliederung nach Gattungen, Arten, Unterarten und Sorten. Die Sorten entstanden durch Züchtung oder Auslese in der Kultur. Die Sortennamen werden in einfache Anführungszeichen gesetzt, z.B. ‘Dania’

Abkürzungen und Symbole

subsp.: *Subspecies* = Unterart mit von der Art abweichenden Merkmalen

var.: *Varietät* = Varietät mit abweichenden Merkmalen

Syn: *Synonym* = überholter Nebenname

×: Kreuzung zweier nah verwandter Gattungen oder Arten

✥ Wuchshöhe (H) und Blütenhöhe (Bl) in cm

✿ Blütezeit (Monate in römischen Ziffern)

● Geselligkeit

☠ Giftige Pflanze

Die Geselligkeit nach Hansen und Müssel beschreibt die Art der Pflanzung. Die römischen Ziffern geben eine Empfehlung darüber ab, ob eine Stauden-Art in kleinen Tuffs oder eher flächig verwendet werden sollte. Es werden folgende Geselligkeitsstufen unterschieden.

I. in kleinen Tuffs
II. in kleinen Tuffs von 3 – 10 Pflanzen
III. in größeren Gruppen von 10 bis 20 Pflanzen

IV. in größeren Kolonien, ausgesprochen flächig
V. vorwiegend flächig

Wird gegen die Empfehlungen der Geselligkeitsstufen doch eine flächige Pflanzung angestrebt, so kann unter dem Stichwort Verwendung die Stückzahl pro Quadratmeter ermittelt werden. Oft sind die Stückzahlangaben weit gefasst. Die niedrigere Zahl gibt dabei den Pflanzenbedarf an, wenn eine langlebige Pflanzung geplant ist. Der höhere Wert beschreibt den Pflanzenbedarf für eine sich schnell schließende Bodendecke. Bereits nach einem Jahr soll diese Pflanzung den Boden vollständig beschatten. Aus der Stückzahlangabe lässt sich auch der Pflanzabstand ermitteln.

Stauden im Überblick

Unter Stauden versteht man krautige, aber mehrjährige Gewächse. Viele überwintern oberirdisch, andere besitzen unterirdische Speicherorgane wie Rhizome (Erdsprosse), Zwiebeln oder Knollen.

Die meisten Stauden haben einen „dienenden“ Wuchscharakter, sie benötigen meist einen Hintergrund mit Gehölzen, wenn sie optimal zur Wirkung kommen sollen.

Beetstauden benötigen offene Böden in meist sonniger Lage und einen hohen Pflegeaufwand. Im Garten verwendet man sie meist auf besonderen Beeten oder Rabatten in nährstoffreichen Gartenböden. Beetstauden blühen meist im Sommer und fallen durch prächtige Blüten auf, die sich vielfach zum Schnitt eignen. Durch intensive Züchtungsarbeit sind viele Sorten entstanden, welche die Ausgangsart in vieler Hinsicht übertreffen.

Wildstauden gibt es dagegen für alle möglichen Pflanzplätze. Sie sind züchterisch wenig bearbeitet und am geeigneten Standort anspruchslos. Manche Arten können sich stark ausbreiten, entweder durch Ausläufer oder durch Versamung.

Stauden für Sonnenlagen haben verschiedene Einrichtungen zum Verdunstungsschutz entwickelt. Dazu zählen Dornen, Stacheln, Behaarung, Sukkulenz sowie Reduzierung und Graufärbung der Blätter. Aus diesem Grund sind sie in der Lage, Trockenheit und Hitze sowie auch Kälte zu ertragen.

Schattenstauden zeichnen sich häufig durch breite, dunkelgrüne Blätter aus. Unter Gehölzen oder im Schatten von Gebäuden können sie noch gut gedeihen und blühen.

Immergrüne Stauden sind vorwiegend in Gebieten mit wintermildem Klima und hoher Luftfeuchtigkeit zu Hause. Sie behalten ihre Blätter viele Jahre lang, können aber in Mitteleuropa bei Trockenheit im Sommer und Winter leiden. Man pflanzt sie daher meist in den Schatten in humose Böden.

Farne gedeihen in humosen Böden des Gartens am besten in Schattenlagen. Sie besitzen keine Blüten, sind aber durch ihre Gestalt außerordentlich reizvoll. Ihre Vermehrung erfolgt durch winzig kleine Sporen, die entweder auf der Blattunterseite oder an speziellen Sporenblättern gebildet werden. Auch Ausläuferbildung ist bei einigen Arten möglich.

Gräser sind vielfältig verwendbar. Die meisten Arten bevorzugen sonnige und warme Standorte. Ihre Blüten- und Fruchtstände sind zierend, im Garten und auch in der Vase. Viele eignen sich als Trockenblumen. Im Garten sollte man sie erst im Vorfrühling abschneiden, damit die Fruchtstände auch bei Schnee und Raureif reizvoll sind.

Sumpf- und Wasserpflanzen benötigen einen besonderen Standort. Ein Feuchtbiotop im Garten kann viel Freude bereiten. Man sollte es an einem sonnigen Platz anlegen. Bald stellen sich auch Tiere ein, die sich hier wohl fühlen. Viele Pflanzen aus dieser Gruppe begeistern durch ihre schöne Blüte.

Zwiebel- und Knollengewächse haben unterirdische Speicherorgane, mit denen sie ungünstige Jahreszeiten überdauern können. Die Blüten erscheinen je nach Art im Frühling oder im Herbst vor den Blättern. Viele Arten sind als Schnittpflanze unentbehrlich, andere gehören auf Rabatten und Beete, die zierlichen Arten in den Steingarten.

Die meisten Stauden gehören zu den **Bedecktsamern**, den Angiospermae. Deren weibliche Blütenanlagen sind im Fruchtknoten verborgen, also geschützt vor Witterungseinflüssen. Der männliche Pollen wird in besonderen Blütenanlagen oder in der gleichen Blüte (Zwitterblüte) erzeugt und muss durch den Wind oder durch Insekten auf die weiblichen Narben gelangen.

Die Blüten der Windblütler haben eine einfache Bauweise (Gräser) und sind unscheinbar. Sie erzeugen eine Menge Pollen. Die auffälligeren Blüten der Insektenblütler dienen zur Anlockung. Neben Farben werden auch Düfte und Nektar zur Anlockung eingesetzt. Besondere Mechanismen sollen die Selbstbestäubung verhindern oder erschweren.

Die Pollenbildung ist weitaus geringer, die Bestäubung ist aber genauso erfolgreich. Im Laufe der Jahrmillionen haben sich immer raffiniertere Blütenformen gebildet und die Bestäuber haben sich darauf eingestellt. Pflanze und Tiere sind dadurch voneinander abhängig geworden. Aus den Tropen sind ganz besondere Blütenformen bekannt. Dort treten auch Fledermäuse, Mäuse, Schmetterlinge usw. als Bestäuber auf.

Die Früchte der Stauden sind unterschiedlich ausgebildet. Zur Verbreitung tragen Wind (Korbblütler, Gräser) und viele Tiere bei, die Beeren verzehren (z.B. Vögel). Das Fruchtfleisch wird verdaut, die Samen aber an anderer Stelle wieder ausgeschieden. Dort keimt der Samen. Er hat hier meist günstigere Entwicklungschancen.

Heimische Stauden sind seit vielen Jahrhunderten an das jeweilige Klima angepasst. Am natürlichen Standort in der freien Landschaft sollten sie keinesfalls ausgegraben werden. Viele von ihnen stehen unter strengem Schutz.

Fremdländische Stauden sind Arten aus aller Welt, die in unseren Gärten und Parks anzutreffen sind. Häufig sind sie anspruchsvoll an Klima und Standort. Manche Arten und Sorten fallen durch besonderen Wuchs oder farbige Blätter auf. Die Färbung kann ganzjährig oder nur beim Austrieb im Frühling, besonders aber im Herbst, beobachtet werden.

Die herbstliche Färbung der Stauden ist weitaus nicht so spektakulär wie bei vielen Gehölzen. Dennoch bietet der Herbst bei manchen Arten als Überraschung eine schöne Laubfärbung. Wenn die Tage kürzer werden und die Temperaturen abnehmen, ist dies für viele Stauden das Signal, die Blätter abzuwerfen und dadurch die Verdunstung zu verringern. Alle verwertbaren Stoffe werden abgebaut und eingelagert. Zunächst wird das Blattgrün abgezogen. Die bis dahin vom Chlorophyll überlagerten Farbstoffe kommen nun für kurze Zeit zur Wirkung. Je nach Vorkommen von Karotin, Anthocyan oder Xanthophyll ist die Färbung der Blätter orange, rot oder gelb. Nach einigen Tagen werden auch diese Farbstoffe abgebaut und die braunen Blätter fallen zu Boden, wo sie wieder zu Humus abgebaut werden.

Die prächtigen Blütenstauden stammen aus aller Welt, vorwiegend aus den gemäßigten Zonen. Je nach Art blühen sie besonders reich im Frühling, Sommer oder sogar im Winter. Einige Arten benötigen einen hohen Pflegeaufwand und Winterschutz. Sie sind ausschließlich für Gärten und Parks geeignet.

Halbsträucher sind Arten, deren Triebe nur an der Basis verholzen, die krautigen Triebspitzen können daher im Winter leiden. Sie müssen im Frühling stark zurückgeschnitten werden. Einige Arten (*Thymus*, *Pachysandra*) gehören eigentlich zu diese Gruppe, haben aber meist im Staudensortiment ihren festen Platz.

Flächendeckende Stauden werden heute in großer Zahl verwendet. Viele darunter sind immergrün und sehen daher ganzjährig attraktiv aus. Sie beschatten und festigen den Boden und lassen Wildkräutern wenige Entwicklungsmöglichkeiten. Viele Arten vereinfachen die Pflege.

Schling- und Kletterstauden sind selten, verdienen aber eine besondere Beachtung. Die meisten sind Waldpflanzen, die an größeren Gehölzen hinaufklettern, bis sie genügend Licht erhalten, das für die Bildung von Blüten und Früchten ausreicht. Je nach Klettertechnik können die Pflanzen vertikale Flächen mit oder ohne Gerüst begrünen.

Stauden von A bis Z

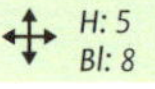
H: 5
Bl: 8

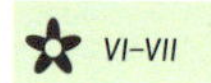
VI–VII

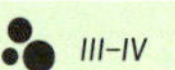
III–IV

Acaena buchananii

Blaugrünes Stachelnüsschen
Rosaceae, Rosengewächse

Heimat: Neuseeland.
Wuchs: Dichter Teppichbildner, nur 5 cm hoch, Triebe bis 50 cm lang, wurzelbildend.
Blatt: Wechselständig, unpaarig gefiedert, 3–5 cm lang, Einzelblatt eiförmig, gezähnt, 1–2 cm lang, silbergrau, wintergrün.
Blüte: Unscheinbare, gestielte Köpfchen über dem Laub, gelblich, VI–VII.
Frucht: Köpfchen, 1,5–2 cm groß, Kelchstacheln mit Widerhaken, rotbraun.
Standort: Warme, durchlässige Böden in voller Sonne, Trockenheit vertragend.
Lebensbereich: FS,2,so: Felssteppe; frisch; sonnig. Auch für Matten und Freiflächen.
Verwendung: Guter Flächendecker. 11 Pfl./m^2.
Vermehrung: Abtrennen der bewurzelten Bodentriebe, Stecklinge im Sommer.
Hinweise: Schutz vor strengem Frost.

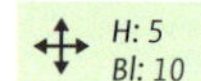
H: 5
Bl: 10

VII–VIII

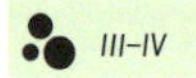
III–IV

Acaena microphylla

Kleinblättriges Stachelnüsschen
Rosaceae, Rosengewächse

Heimat: Neuseeland.
Wuchs: Dichter Flächenbildner, 5–10 cm hoch, Triebe kriechend, bewurzeln sich.
Blatt: Wechselständig, unpaarig gefiedert, 6–7 cm lang, Einzelblatt eiförmig, gezähnt, 2–3 cm lang, braunrot, wintergrün.
Blüte: Gestielte Köpfchen über dem Laub, rotbraun, VII–VIII.
Frucht: Leuchtend rot, 2–3 cm breite Köpfchen mit Kelchstacheln.
Standort: Warme, durchlässige Böden in voller Sonne, nässe- und frostempfindlich.
Lebensbereich: FS,2,so: Felssteppe; frisch; sonnig. Matten.
Verwendung: Flächendecker. 1–11 Pfl./m^2.
Vermehrung: Abtrennen der Bodentriebe, Sommer-Stecklinge.
Sorten: ‘Kupferteppich’, braunrotes Laub, dicht.

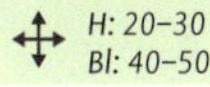
H: 20–30
Bl: 40–50

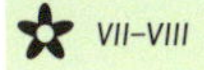
VII–VIII

I

Acantholimon glumaceum

Igelpolster
Plumbaginaceae, Bleiwurzgewächse

Heimat: Armenien, Nordiran, Kaukasus.
Wuchs: Grünes Polster mit schmalblättrigen Rosetten, wenig stechend, 20–30 cm hoch, aber viel breiter werdend.
Blatt: Schmal, grasartig, in Rosetten, grünlich.
Blüte: In Scheinähren über dem Polster, Schaft samthaarig, rosa, VII–VIII.
Frucht: Blütenkelche pergamentartig, lange zierend.
Standort: Durchlässige, trockene Böden in voller Sonne für wintermilde Lagen.
Lebensbereich: MK,2,so: Mauerkronen; frisch; sonnig. Auch für Steinfugen.
Verwendung: Einzeln für größere Steingärten, Felssteppen. 1–4 Pfl./m^2.
Vermehrung: Stecklinge und Abrisslinge im Sommer und Samen (schwierige Methode!).
Hinweise: Im Frühling pflanzen. Winterschutz.

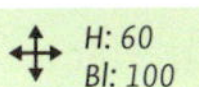
H: 60
Bl: 100

VII–VIII

I

Acanthus hungaricus

Ungarischer Akanthus, Bärenklau
Acanthaceae, Bärenklaugewächse

Heimat: SO-Europa.
Wuchs: Breitbuschig, aufrecht.
Blatt: Fiederteilig, ornamental, frischgrün.
Blüte: Aufrechte Blütentrauben mit rosafarbenen Hochblättern, Blüte weiß, VII–VIII.
Frucht: Kapsel, 2–3 cm lang.
Standort: Durchlässige Böden, vollsonnig.
Lebensbereich: Fr,2,so: Freifläche; frisch; sonnig. Auch für Felssteppe und Gehölzrand.
Verwendung: Einzeln auf Rabatten, Böschungen, Freiflächen. 1 Pfl./m^2.
Vermehrung: Aussaat nach der Ernte oder im Frühling, häufig Selbstaussaat.
Weitere Arten: *A. spinosus*, nur 40 cm hoch, dornig.
Besonderes: Blätter dienten als Vorbilder für korinthische Kapitelle.
Hinweise: Winterschutz sinnvoll.

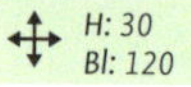

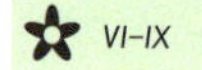

Achillea filipendulina

Gold-Garbe, Hohe Schafgarbe
Asteraceae, Asterngewächse

Heimat: Kaukasus bis Kleinasien.
Wuchs: Horstbildend, aufrecht, bis 120 cm.
Blatt: Wechselständig, graugrün gefiedert, bis 15 cm lang, duftend.
Blüte: Flache Scheindolden am Triebende, goldgelb, VI–IX.
Frucht: Scheindolde, Frucht unscheinbar, Samen klein.
Standort: Nährstoffreiche, trockene Böden.
Lebensbereich: Fr,2,so: Freifläche; frisch; sonnig.
Verwendung: Rabatten, Schnittpflanze, Trockenbinderei. 4–6 Pfl./m^2.
Vermehrung: Teilung und Aussaat im Frühling.
Sorten: 'Coronation Gold' (Bild); 'Parker', goldgelb, 120 cm.
Weitere Arten: *A. clypeolata*, goldgelb, graulaubig, bis 60 cm hoch, Steingarten.
Hinweise: Nachblüte, wenn Rückschnitt erfolgte.

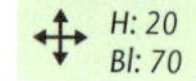

Achillea millefolium 'Cerise Queen'

Rote Wiesen-Schafgarbe
Asteraceae, Asterngewächse

Heimat: Gartenform der in Europa heimischen Schafgarbe.
Wuchs: Lockerhorstig, rasen- und ausläuferbildend, aufrechte Blütentriebe beblättert.
Blatt: Wechselständig, fiederschnittig, dunkelgrün, duftend.
Blüte: Flache Scheindolde, kirschrot, VI–VIII.
Frucht: Unscheinbar.
Standort: Auf nährstoffreichen, durchlässigen Böden in voller Sonne.
Lebensbereich: B,2,so: Beet; frisch; sonnig. Auch für Freiflächen.
Verwendung: Rabatten, Schnitt. 4–6 Pfl./m^2.
Vermehrung: Teilung.
Sorten: 'Sammetriese', samtrot, 80 cm hoch, spätblühend.

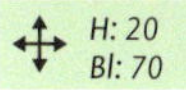
H: 20
Bl: 70

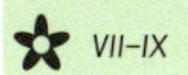
VII–IX

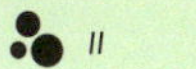
II

Achillea ptarmica 'Schneeball'

Sumpf-Schafgarbe, Bertrams-Garbe
Asteraceae, Asterngewächse

Heimat: Gärtnerische Ausleseform, Art: Europa bis W-Asien.
Wuchs: Breitbuschig, ausläuferbildend.
Blatt: Wechselständig, lanzettlich, am Rand scharf gesägt.
Blüte: Gefüllte Blütenköpfe in Trugdolden am Triebende, weiß, VII–IX.
Frucht: Trugdolde, Frucht unscheinbar, Samen klein.
Standort: Sonnige bis halbschattige Plätze, nährstoffreiche, frische Böden. Kalkarme Standorte.
Lebensbereich: Fr,3,so: Freifläche; sonnig; feucht. Auch am sumpfigen Wasserrand.
Verwendung: Schnittpflanze. 6–11 Pfl./m^2.
Vermehrung: Teilung, Abtrennen der Ausläufer.
Sorten: `The Pearl´, weiß, halbgefüllt.

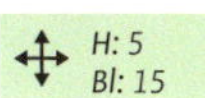
H: 5
Bl: 15

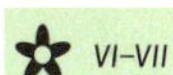
VI–VII

II

Achillea tomentosa

Teppich-Garbe, Gelbe Schafgarbe
Asteraceae, Asterngewächse

Heimat: SW-Europa bis W-Asien.
Wuchs: Mattenartig bis polsterbildend.
Blatt: Wechselständig, graufilzig, fiederschnittig, 3- bis 7-teilig.
Blüte: In lockeren Trugdolden, goldgelb, VI–VII.
Frucht: Trugdolde, Frucht unscheinbar, Samen klein.
Standort: Sonnige, warme Plätze, durchlässige Böden.
Lebensbereich: FS,1–2,so: Felssteppe; trocken bis frisch; sonnig. Auch für Steinanlagen.
Verwendung: Steingärten, Schotterflächen, Tröge, extensive Dachbegrünung, Bienenweide. 11–25 Pfl./m^2.
Vermehrung: Teilung im Frühling.
Hinweise: Alle 2 Jahre teilen, sonst vergreist die Pflanze.

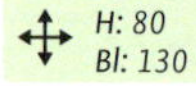
H: 80
Bl: 130

IX–X

I

Aconitum carmichaelii 'Arendsii'

Herbst-Eisenhut
Ranunculaceae, Hahnenfußgewächse

Heimat: Gartenform. Die Art stammt aus Mittelchina.
Wuchs: Horstartig, aufrecht.
Blatt: Wechselständig, tief handförmig geteilt, glänzend dunkelgrün.
Blüte: Helmförmig, in Trauben, violettblau, IX–X.
Frucht: Balgfrucht.
Standort: Halbschattig auf nährstoffreichen Böden, frisch bis feucht.
Lebensbereich: B,2, so-hs: Beet; frisch; sonnig bis halbschattig. Auch Gehölzrand.
Verwendung: Rabatten, vor Gehölzen im lichten Schatten. Schnittpflanze. 6 Pfl./m^2.
Vermehrung: Teilung des knolligen Wurzelstocks im Frühling oder Herbst.
Hinweise: Giftige Pflanze.

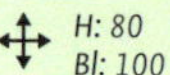
H: 80
Bl: 100

VII–VIII

I

Aconitum lycoctonum subsp. vulparia

Fuchs-Eisenhut
Ranunculaceae, Hahnenfußgewächse

Heimat: W-Europa.
Wuchs: Aufrecht, locker.
Blatt: 5- bis 9-teilig gelappt.
Blüte: In lockeren Trauben, Blüte helmartig, hellgelb, VII–VIII.
Frucht: Balgfrucht.
Standort: Lockere Bergwälder, nährstoffreiche und frische Böden, Waldrand.
Lebensbereich: GR;2,hs-sch: Gehölzrand; frisch; halbschattig bis schattig.
Verwendung: Halbschattige Lagen, Wildstaudenpflanzungen, Gehölzränder. 6 Pfl./m^2.
Vermehrung: Aussaat XII - III.
Weitere Arten: *A. anthora* aus den Pyrenäen, Alpen bis Kaukasus, 80 cm.
Hinweise: Besonders giftige Pflanze.

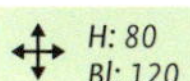
H: 80
Bl: 120

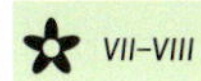
VII–VIII

I

Aconitum napellus

Blauer Eisenhut
Ranunculaceae, Hahnenfußgewächse

Heimat: Mitteleuropa, nördlich bis Schweden, Alpen.
Wuchs: Aufrecht, breitbuschig, horstig.
Blatt: Wechselständig, fiederartig geschlitzt.
Blüte: Helmartig, in lockeren Rispen, variiert stark, intensiv blau, VII–VIII.
Frucht: Balgfrucht.
Standort: Halbschattige Bergwälder, nährstoffreiche Plätze in Almnähe.
Lebensbereich: GR,2–3,abs: Gehölzrand; frisch bis feucht; absonnig. Auch für Freiflächen.
Verwendung: Naturnahe Wildstaudenpflanzungen im Halbschatten. 6 Pfl./m^2.
Vermehrung: Aussaat im Winter, Teilung im Herbst oder Frühling.
Sorten: 'Bressingham Spire', blau, 90 cm; 'Gletschereis', weiß, 120 cm.
Hinweise: Giftige Pflanze.

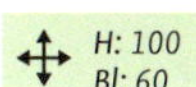
H: 100
Bl: 60

V–VI

II

Acorus calamus

Kalmus
Acoraceae, Kalmusgewächse

Heimat: Europa, N-Amerika, Asien.
Wuchs: Locker, kriechende Rhizome.
Blatt: Wechselständig, schwertförmig, oft mit gewelltem Blattrand, 100 cm.
Blüte: Unscheinbarer Kolben, grünlichgelb, 10–20 cm lang, V–VI.
Frucht: Kolben mit wenigen Beeren. Selten Samenbildung.
Standort: Wasserrand, Sumpf bis 30 cm Wassertiefe.
Lebensbereich: WR,5,so-hs: Wasserrand; flaches Wasser; sonnig bis halbschattig.
Verwendung: Größere Wasseranlagen auf nährstoffreichen, lehmigen Böden, Ufer. Heilpflanze. 4 Pfl./m^2.
Vermehrung: Teilung.
Sorten: 'Variegatus' mit weißbunten Blättern.
Weitere Arten: *A. gramineus*, Zwerg-Kalmus.
Hinweise: Giftpflanze

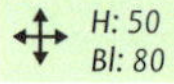
H: 50
Bl: 80

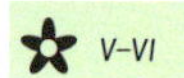
V–VI

I

Actaea alba

Weißfrüchtiges Christophskraut
Ranunculaceae, Hahnenfußgewächse

Heimat: Östliches N-Amerika.
Wuchs: Aufrechte, buschige Horste bildend.
Blatt: Wechselständig, 5-teilig gefiedert, waagerecht abstehend.
Blüte: Locker, wenig auffällige Blütentrauben, weißlich, V–VI.
Frucht: Weiße Beeren an roten Stielen, auffällig ab Juli bis September.
Standort: Durchlässige, humose Böden im Halbschatten, luftfeucht.
Lebensbereich: G,2,hs: Gehölz; frisch; halbschattig. Auch für den Gehölzrand.
Verwendung: Gehölzlichtungen, am Rand von Sträuchern, zu Rhododendron. 2 Pfl./m^2.
Vermehrung: Aussaat im Frühling.
Weitere Arten: *A. erythrocarpa*, Europa bis Asien. Früchte rot; `Leucarpa´, weiße Früchte.
Hinweise: Giftpflanze

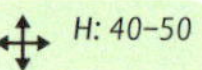
H: 40–50

-

I

Adiantum pedatum

Hufeisenfarn, Pfauenradfarn
Pteridaceae, Saumfarngewächse

Heimat: N-Amerika, O-Asien.
Wuchs: Lockerbuschig, aufrecht, hufeisenförmige Fächer in zwei waagerechte Äste gegabelt, Stiele schwarz.
Blatt: Fiederblättchen, 2 cm lang, oval, hellgrün, im Herbst goldgelb.
Standort: Lockere und saure Humusböden im lichten Schatten unter Gehölzen. Hohe Luftfeuchtigkeit.
Lebensbereich: G,2–3,hs-sch: Gehölz; frisch bis feucht; halbschattig bis schattig. Auch Gehölzrand.
Verwendung: Unter älteren, gut eingewurzelten Bäumen. 5 Pfl./m^2.
Vermehrung: Durch Sporen und Teilung (langsame Methode!).
Sorten: 'Imbricatum', Krauser Pfauenradfarn, 20 cm hoch, Steingärten (Bild).

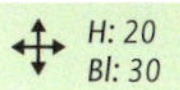 H: 20 Bl: 30 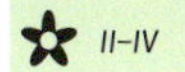 II–IV  II

Adonis amurensis

Amur-Adonisröschen
Ranunculaceae, Hahnenfußgewächse

Heimat: Mandschurei, Japan.
Wuchs: Aufrecht, buschig. Zieht nach der Blüte ein.
Blatt: Wechselständig, fein gefiedert, mattgrün.
Blüte: Goldgelb im Vorfrühling, II–IV.
Frucht: Balgfrucht, bei uns selten ausgebildet.
Standort: Kühl, humos, unter Laubgehölzen im lichten Schatten, sauer.
Lebensbereich: GR,2,abs: Gehölzrand; frisch; absonnig. Auch für Steinanlagen.
Verwendung: Zu Magnolien oder Zierkirschen, Rhododendron. Bienenweide. 8–11 Pfl./m^2.
Vermehrung: Aussaat sofort nach der Ernte, lange Keimdauer, Teilung.
Weitere Arten: *A. vernalis*, heimisches Adonisröschen, 20 cm, auf Kalkböden, IV. Giftige Pflanze. Geschützte Wildpflanze.

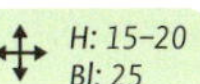 H: 15–20 Bl: 25  IV–VI  II

Aethionema grandiflorum

Steintäschel
Brassicaceae, Kohlgewächse

Heimat: Anatolien bis Iran.
Wuchs: Breitbuschiger Halbstrauch, vieltriebig.
Blatt: Wechselständig, länglich-linealisch, blaubereift, 2–3 cm lang, wintergrün.
Blüte: Kreuzblütchen in endständigen Trauben; hellrosa, IV–VI.
Frucht: Schötchen.
Standort: Durchlässige Kalkböden in sonniger warmer Lage.
Lebensbereich: FS,1–2,so: Felssteppe; trocken bis frisch; sonnig. Auch für Steinfugen.
Verwendung: Steingarten, Trockenmauern, Felssteppe, Trog. 11–25 Pfl./m^2.
Vermehrung: Durch Samen.
Weitere Arten: *A. armenum* 'Warley Rose', 15 cm, rosa, Stecklingsvermehrung (Bild).
Hinweise: Nur mit Topfballen pflanzen.

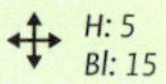
H: 5
Bl: 15

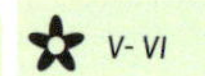
V- VI

III

Ajuga reptans

Kriechender Günsel
Lamiaceae, Taubnesselgewächse

Heimat: Europa, N-Afrika bis Iran.
Wuchs: Oberirdische Ausläufer, Flächendecker.
Blatt: Gegenständig, spatelförmig, mattgrün, wintergrün.
Blüte: 2-lippig, in dichten, aufrechten Scheinähren, blau, V–VI.
Frucht: Unauffällig, kleine Nüsschen werden von Ameisen verbreitet.
Standort: Frische bis feuchte Plätze im Halbschatten. Verträgt keine trockenen Standorte.
Lebensbereich: GR,2–3,so-abs: Gehölzrand; frisch bis feucht; sonnig bis absonnig.
Verwendung: Als Flächendecker unter Gehölzen, Teichrand. 16 Pfl./m^2.
Vermehrung: Teilung, Abtrennen der Rosetten sowie Aussaat.
Sorten: 'Atropurpurea', Laub kupferbraun.

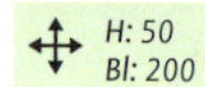
H: 50
Bl: 200

VII–IX

I

Alcea rosea

Bauerngarten-Stockrose
Malvaceae, Malvengewächse

Heimat: Gartenform, die Art stammt aus SW-Asien.
Wuchs: Aufrecht, bis 2 m hoch, zweijährig.
Blatt: Wechselständig, groß, rund-herzförmig, mattgrün, rau.
Blüte: 6–8 cm groß, gefüllt, achsel- oder endständig, rosa, rot, gelb, weiß, VII–IX.
Frucht: Spaltfrucht.
Standort: Sonnige, durchlässige, nährstoffreiche Böden.
Lebensbereich: B,2,so: Beet; frisch; sonnig.
Verwendung: Rabatten, vor Südwänden und Mauern. 2 Pfl./m^2.
Vermehrung: Aussaat im Frühling.
Sorten: Viele Farbsorten, z. B. 'Rosa'.
Weitere Arten: *A. ficifolia*, Feigenblättrige Stockrose, geschlitztes Laub.
Hinweise: Rückschnitt nach der Blüte erforderlich.

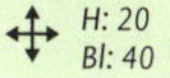
H: 20
Bl: 40

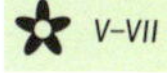
V–VII

III

Alchemilla mollis

Weicher Frauenmantel
Rosaceae, Rosengewächse

Heimat: Karpaten, Kaukasus.
Wuchs: Breitbuschig, horstig.
Blatt: Wechselständig, bis 15 cm groß, 9- bis 11-lappig, weich behaart.
Blüte: Kleine Einzelblüten in Knäueln gehäuft, zartgelb, V–VII.
Frucht: Unscheinbar.
Standort: Sonnig bis halbschattig, frische bis feuchte Böden, lehmig.
Lebensbereich: Fr,2–3,so-abs: Freifläche; frisch bis feucht; sonnig bis absonnig. Gehölzrand.
Verwendung: Für Rabatten, zu Beetstauden oder in Wiesenflächen. Schnittpflanze. 4–11 Pfl./m^2.
Vermehrung: Aussaat und Teilung.
Weitere Arten: *A. erythropoda*, Zwerg-Frauenmantel, 10 cm hoch.
Hinweise: Rückschnitt nach der Blüte unterbindet Selbstaussaat.

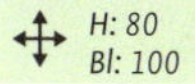
H: 80
Bl: 100

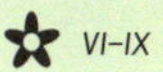
VI–IX

II

Alisma plantago-aquatica

Gewöhnlicher Froschlöffel
Alismataceae, Froschlöffelgewächse

Heimat: Afrika, Europa bis Asien.
Wuchs: Horstartige Sumpfpflanze mit knolligem Wurzelstock.
Blatt: Wechselständig, breit-elliptisch, langgestielt bis 80 cm Länge.
Blüte: Klein; an hoher, reich verzweigter, quirliger Rispe, weiß, VI–IX.
Frucht: Unscheinbare Nüsschen.
Standort: Heimische Sumpfpflanze in sonnigen bis halbschattigen Lagen.
Lebensbereich: WR,5,so-hs: Wasserrand; flaches Wasser; sonnig bis halbschattig.
Verwendung: Teichrand, bis 30 cm Wassertiefe, nährstoffreiche Gewässer. 4–6 Pfl./m^2.
Vermehrung: Aussaat im Frühling.
Hinweise: Fruchtstände nach der Blüte entfernen, um Selbstaussaat zu verhindern.

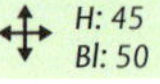
H: 45
Bl: 50

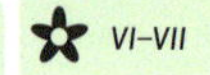

Allium christophii

Sternkugel-Lauch
Alliaceae, Lauchgewächse

Heimat: Kleinasien, Iran.
Wuchs: Eintriebige Zwiebelpflanze mit kugeligem Blütenstand.
Blatt: Riemenförmig, bis 45 cm lang, blaugrün.
Blüte: Sternblüten bis 25 cm breit, kugelige, zusammengesetzte Dolde, rosafarben, VI–VII.
Frucht: Dekorative, zusammengesetzte Dolde mit Kapselfrüchten.
Standort: Nährstoffreiche, durchlässige Böden in voller Sonne.
Lebensbereich: FS,1,so: Felssteppe; trocken; sonnig. Auch für Freiflächen, Steinanlagen.
Verwendung: Für Rabatten, sonnige Freiflächen. Schnittpflanze, Trockenbinderei. 6–11 Pfl./m^2.
Vermehrung: Aussaat im Frühling, Brutzwiebeln.
Hinweise: Blätter vergilben früh, daher zwischen andere Stauden pflanzen.

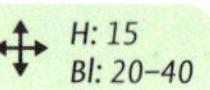
H: 15
Bl: 20–40

Allium flavum

Schwefel-Lauch, Gelber Hänge-Lauch
Alliaceae, Lauchgewächse

Heimat: Mittelmeergebiete bis W-Asien.
Wuchs: Eintriebige Zwiebelpflanze.
Blatt: Bogig überhängend, schmal, hechtblau.
Blüte: Zusammengesetzte Dolde, hängende, endständige Einzelblüten, gelb, VI–VIII.
Frucht: Zusammengesetzte Dolde, auffällige Tragblätter.
Standort: Sonnige Freiflächen in durchlässigen, mageren, auch trockenen Böden.
Lebensbereich: FS,1,so: Felssteppe; trocken; sonnig. Auch Steppenheide, Steinanlagen.
Verwendung: Magere, sonnige Plätze, auch für Dachgärten. Bienenweide. 25 Pfl./m^2.
Vermehrung: Aussaat, Brutzwiebeln.
Unterarten: *A. f.* var. *minus*, ähnlich, aber nur 10 cm hoch.

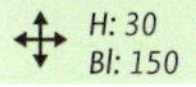

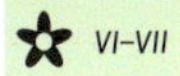

Allium giganteum

Riesen-Lauch
Alliaceae, Lauchgewächse

Heimat: Mittelasien, Himalaja.
Wuchs: Eintriebige Zwiebelpflanze bis 150 m hoch.
Blatt: Breit-lanzettlich, bis 30 cm, graugrün.
Blüte: Dichte zusammengesetzte Dolde, 10–12 cm breit, Blüten rosa, VI–VII.
Frucht: Dekorative zusammengesetzte Dolde mit Kapselfrüchten.
Standort: Durchlässige Böden in voller Sonne.
Lebensbereich: Fr,1,so,-b: Freifläche; trocken; sonnig; beetstaudenähnlich.
Verwendung: Beete. Auffällige Staude. Schnittpflanze. 6–15 Pfl./m².
Vermehrung: Aussaat.
Weitere Arten: *A. stipitatum*, Blütenkugel bis 90 cm hoch, rosa. 'Purple Sensation', bis 90 cm hoch, rotviolette Blütenkugeln.

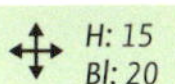

Allium karataviense

Blauzungen-Lauch
Alliaceae, Lauchgewächse

Heimat: Turkestan.
Wuchs: Eintriebige Zwiebelpflanze mit 2 breiten Blättern.
Blatt: Gegenständig, bis 6 cm breit und 25 cm lang, gebogen, blaugrün.
Blüte: Zusammengesetzte Dolde bis 12 cm breit und 20 cm hoch, silbrigrosa, IV–V.
Frucht: Kugelig; zusammengesetzte Dolde mit Kapselfrüchten.
Standort: Volle Sonne, für nährstoffarme Böden.
Lebensbereich: FS,1,so: Felssteppe; trocken; sonnig. Auch für Steinanlagen.
Verwendung: Steingärten, Kalk-Schotterbeete. Bienenweide. 11–25 Pfl./m².
Vermehrung: Samen und Brutzwiebeln.
Sorten: 'Album', weiße Blüten.
Weitere Arten: *A. akaka* mit schmaleren Blättern, selten.

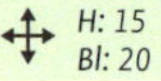
H: 15
Bl: 20

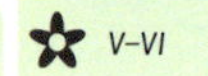
V–VI

III

Allium moly

Pyrenäen-Gold-Lauch
Alliaceae, Lauchgewächse

Heimat: Pyrenäen, Spanien, Mittelmeergebiet.
Wuchs: Aufrecht bis bogig überhängend.
Blatt: Breit-lanzettlich, matt blaugrün.
Blüte: Zusammengesetzte Dolde; Langstielig, leuchtend goldgelb, mit wenigen Einzelblüten, Bienenweide, V–VI.
Frucht: Zusammengesetzte Dolde.
Standort: Nährstoffarme Böden in voller Sonne.
Lebensbereich: FS,1,so-abs: Felssteppe; trocken; sonnig bis absonnig.
Verwendung: Steinanlagen und Freiflächen in voller Sonne. Dachbegrünung. 25–100 Pfl./m^2.
Vermehrung: Aussaat und Brutzwiebeln sowie Teilung der Zwiebelhorste.
Hinweise: Anspruchslose, sehr schöne Art.

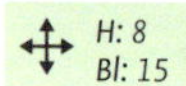
H: 8
Bl: 15

VI–VII

II

Allium oreophilum

Rosen-Zwerg-Lauch
Alliaceae, Lauchgewächse

Heimat: O-Türkei, Kaukasus.
Wuchs: Eintriebige Zwiebelpflanze.
Blatt: 2–3 cm breit, graugrün.
Blüte: In lockerer, zusammengesetzter Dolde, leuchtend rosa, VI–VII.
Frucht: Zusammengesetzte Dolde, Stiele 15 cm lang.
Standort: Sonnige Bereiche in mageren Böden.
Lebensbereich: FS,1,so: Felssteppe; trocken; sonnig. Auch für Steinanlagen.
Verwendung: Steingarten, Freiflächen. 45 Pfl./m^2.
Vermehrung: Aussaat, Brutzwiebeln.
Sorten: 'Zwanenburg', dunkelrosa.
Weitere Arten: *A. triplinervis*, 20–40 cm hoch, nicht wuchernd.

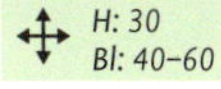
H: 30
Bl: 40–60

VII–IX

II

Anaphalis margaritacea

Silberimmortelle, Perlkörbchen
Asteraceae, Asterngewächse

Heimat: Nördliches N-Amerika, Japan.
Wuchs: Breit aufrecht, Verbreitung durch kriechende Rhizome.
Blatt: Schmal-lanzettlich, 7–12 cm lang, unterseits weißwollig.
Blüte: In lockeren Köpfchen, weiß, VII–IX.
Frucht: Pergamentartig, weiß.
Standort: Durchlässige Böden in voller Sonne.
Lebensbereich: Fr,2,so: Freifläche; frisch; sonnig. Auch für Felssteppe.
Verwendung: In größerer Zahl in lockeren Böden. Trockenbinderei. 11 Pfl./m^2.
Vermehrung: Teilung, Abtrennung der Ausläufer, Aussaat.
Sorten: 'Neuschnee', 40–50 cm hoch.
Weitere Arten: *A. triplinervis*, 20–40 cm hoch, nicht wuchernd.

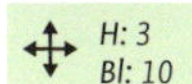
H: 3
Bl: 10

IV–V

I

Androsace sarmentosa

Himalaja-Mannsschild
Primulaceae, Primelgewächse

Heimat: W-China, Himalaja.
Wuchs: Rosetten an langen Stolonen, dadurch lockere Matten bildend.
Blatt: Elliptisch, 2–3 cm lang, wintergrün.
Blüte: Blüten in Dolden, etwa 10 cm hoch, rosafarben, IV–V.
Frucht: Doldig; Samen werden bei uns selten ausgebildet.
Standort: Im Halbschatten, Boden leicht sauer.
Lebensbereich: A,2,abs: Alpinum; frisch; absonnig. Auch Felssteppe, Steinanlagen.
Verwendung: Durchlässige Böden im Steingarten. 11–25 Pfl./m^2.
Vermehrung: Rosettenstecklinge, Aussaat.
Sorten: 'Salmon', dunkelrosa.
Weitere Arten: *A. primuloides*, ist wohl identisch mit *A. sarmentosa*.
Hinweise: Lange, drahtartige Ausläufer.

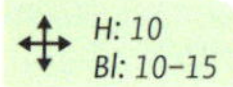
H: 10
Bl: 10–15

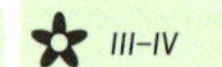
III–IV

II

Anemone blanda

Strahlen-Anemone
Ranunculaceae, Hahnenfußgewächse

Heimat: SO-Europa, Kleinasien, Kaukasus.
Wuchs: Knolliger Wurzelstock, horstig.
Blatt: Handförmig geteilt, mattgrün, kahl.
Blüte: Einfach, vielstrahlig, 3–4 cm Durchmesser, dunkelblau, III–IV.
Frucht: Kugeliger Fruchtstand mit Nüsschen.
Standort: Kalkhaltige Humusböden im Halbschatten.
Lebensbereich: GR,1–2,so-hs: Gehölzrand; trocken bis frisch; sonnig bis halbschattig. Auch für Gehölze und Steinanlagen.
Verwendung: Unter Sträuchern im Frühlingsgarten und Steingarten. 16 Pfl./m².
Vermehrung: Aussaat und Teilung der Knollen im Frühling.
Sorten: 'Radar', violett mit weißer Mitte; 'White Splendour', weiß (Bild).

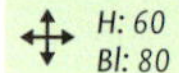
H: 60
Bl: 80

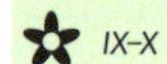
IX–X

I

Anemone Japonica-Gruppe

Japanische Herbst-Anemone
Ranunculaceae, Hahnenfußgewächse

Heimat: Japanische Züchtungen.
Wuchs: Buschig, Ausläufer bildend, 60–80 cm hoch, treibt erst spät aus.
Blatt: 3-teilig gelappt, leicht behaart.
Blüte: Schalenförmig, weiß (auch rosa und rot), IX–X.
Frucht: Nüsschen mit weißem Pappus.
Standort: Humusreiche Böden im Halbschatten.
Lebensbereich: GR,2,hs,-b: Gehölzrand; frisch; halbschattig; beetstaudenähnlich.
Verwendung: Vor und zwischen Gehölzen, aber auch für Freiflächen und Beete. 4–6 Pfl./m².
Vermehrung: Teilung und Wurzelschnittlinge (im Winter).
Sorten: 'Honorine Jobert', weiß; 'Prinz Heinrich', rot, halbgefüllt (Bild).

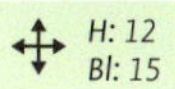

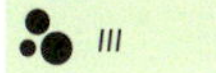

Anemone nemorosa

Busch-Windröschen
Ranunculaceae, Hahnenfußgewächse

Heimat: Europa bis Asien.
Wuchs: Buschig, bildet stabförmige Rhizome, zieht nach der Blüte ein.
Blatt: 3-teilig, lang gestielt, 15 cm hoch.
Blüte: Schalenförmig, weiß, am Abend und bei Regen geschlossen, III–IV.
Frucht: Kugeliger Fruchtstand mit kleinen Nüsschen.
Standort: Lichte Laubwälder mit humosen Böden.
Lebensbereich: G,2,hs: Gehölz; frisch; halbschattig. Auch für Gehölzrand.
Verwendung: Unterpflanzung unter Gehölzen in reifen Böden. 16–25 Pfl./m^2.
Vermehrung: Teilung der Rhizome, Aussaat langwierig.
Sorten: 'Alba Plena', weiß gefüllte Blüten; 'Blue Bonnet', blau.
Hinweise: Giftige Pflanze.

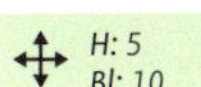

Antennaria dioica

Gewöhnliches Katzenpfötchen
Asteraceae, Asterngewächse

Heimat: Eurasien: nördliche, subarktische Zone.
Wuchs: Über dem Boden kriechend, Matten bildend.
Blatt: Spatelförmige Rosettenblätter, graufilzig.
Blüte: Zweihäusig; in Köpfchen, Blütenstängel beblättert, weiß bis rosa, V–VII.
Frucht: Kleine Samen mit Haarkranz.
Standort: Durchlässige, sandige Böden in voller Sonne.
Lebensbereich: H,1,so: Heide; trocken; sonnig. Auch für Matten und Steinanlagen.
Verwendung: Mattenbildner auf kalkarmen, leichten Böden. 25 Pfl./m^2.
Vermehrung: Teilung im Frühling, Aussaat.
Sorten: 'Rubra', rot, besonders wertvolle Sorte (Bild).

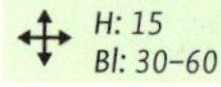
H: 15
Bl: 30–60

VII–IX

I

Anthemis tinctoria

Färber-Hundskamille
Asteraceae, Asterngewächse

Heimat: Europa.
Wuchs: Breitbuschig, horstig.
Blatt: Fiederteilig, oberseits grün, unten weißfilzig.
Blüte: Blütenteller, goldgelb, VII–IX.
Frucht: Körbchen.
Standort: Sonnig, trocken, kalkreiche, nährstoffarme Böden.
Lebensbereich: Fr,1,so: Freifläche; trocken; sonnig. Auch für den Gehölzrand.
Verwendung: Sonnige Flächen in geschützter Lage. Dachbegrünung, Duftpflanze, Schnittpflanze, Bienenweide. 4 Pfl./m^2.
Vermehrung: Risslinge im Frühling.
Sorten: 'Grallagh Gold', goldorange, 60–90 cm hoch (Bild).
Hinweise: Winterschutz.

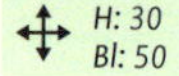
H: 30
Bl: 50

V–VI

I

Anthericum liliago

Astlose Graslilie
Anthericaceae, Grasliliengewächse

Heimat: Heimische Art, auch in Russland und S-Europa.
Wuchs: Lockerhorstig, bis 50 cm Höhe.
Blatt: Linealisch, grün.
Blüte: Ähriger Blütenstand, weiße Trichterblüten, V–VI.
Frucht: Kugelig.
Standort: Trockene, sonnige Hänge auf kalkreichen Böden.
Lebensbereich: Fr,1,so: Freifläche; trocken; sonnig. Auch Gehölzrand und Steinanlagen.
Verwendung: Extensive Dachbegrünung. Schnittpflanze. Bienenweide. 6–11 Pfl./m^2.
Vermehrung: Aussaat, Teilung im Frühling.
Sorten: 'Grandiflora', größere Blüten.
Weitere Arten: *A. ramosum*, Ästige Graslilie, VI–VIII.

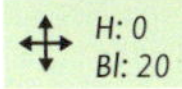
H: 0
Bl: 20

VI–X

II

Aponogeton distachyos

Kap-Wasserähre
Aponogetonaceae, Wasserährengewächse

Heimat: S-Afrika.
Wuchs: Wasserpflanze mit Schwimmblättern, lockerhorstig.
Blatt: Lineal-lanzettlich, schwimmend.
Blüte: Gabeliger Blütenstand, weiße Ähre, lange Blütezeit von VI–X.
Frucht: Unscheinbar.
Standort: Stehende Gewässer, nährstoffreiche Böden, warme Lage. Teich darf nicht komplett zufrieren.
Lebensbereich: W,6,so: Wasser; Schwimmblattpflanzen; sonnig.
Verwendung: Teiche in geschützter Lage. 4–16 Pfl./m^2.
Vermehrung: Teilung im Frühling.

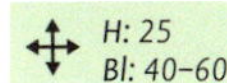
H: 25
Bl: 40–60

V–VI

II

Aquilegia vulgaris

Gewöhnliche Akelei
Ranunculaceae, Hahnenfußgewächse

Heimat: Europa, von N-Afrika bis zum Kaukasus.
Wuchs: Horstig, aufrecht, Wurzeln rübenförmig.
Blatt: Doppelt 3-zählig, blaugrün.
Blüte: In endständigen Rispen, gespornt, dunkelblau, V–VI.
Frucht: Mehrteilige Balgfrucht, Samen schwarz.
Standort: Halbschattige Plätze in kalkhaltigen Böden.
Lebensbereich: GR,1–2,so-hs: Gehölzrand; trocken bis frisch; sonnig bis halbschattig.
Verwendung: Unter Gehölzen, in Wildstaudenpflanzungen. 11 Pfl./m^2.
Vermehrung: Aussaat im Frühling.
Sorten: Viele, auch langspornige Sorten zum Schnitt.
Hinweise: Giftige Pflanze.

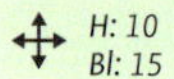
H: 10
Bl: 15

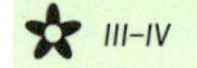
III–IV

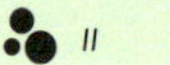
II

Arabis caucasica

Kaukasische Gänsekresse
Brassicaceae, Kohlgewächse

Heimat: SO-Europa bis Mittelasien.
Wuchs: Polsterbildend, rasig, flach.
Blatt: Spatelig, 6–8 cm lang, graugrün.
Blüte: Große Blütentraube, weiß, manche Sorten auch rosa, III–IV.
Frucht: Schötchen, 3–4 cm lang.
Standort: Durchlässige Böden in meist sonniger Lage.
Lebensbereich: M,2,so-hs: Matten; frisch; sonnig bis halbschattig. Auch Steinanlagen.
Verwendung: Für Steingärten, Mauerkronen, in Fugen der Trockenmauern, Einfassungen. Bienenweide. 11–25 Pfl./m^2.
Vermehrung: Aussaat im Frühling, Stecklinge der Rosetten im Winter möglich.
Sorten: 'Plena', weiß gefüllt (Bild), Schnittpflanze.
Hinweise: Anspruchslos.

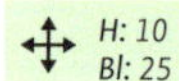
H: 10
Bl: 25

V–VI

II

Armeria maritima

Strand-Grasnelke
Plumbaginaceae, Bleiwurzgewächse

Heimat: Europa: Zirkumpolar.
Wuchs: Polster mit langer Pfahlwurzel.
Blatt: Grasartig, bis 5 cm lang, dunkelgrün, wintergrün.
Blüte: Blütenköpfchen langstielig, rosa, V–VI.
Frucht: Mit trockenhäutigem Hochblatt.
Standort: Meernahe Sandböden in voller Sonne, sehr anspruchslos.
Lebensbereich: FS,1,so: Felssteppe; trocken; sonnig. Auch Steinanlagen.
Verwendung: Flächig, in kleinen Tuffs, Steingärten, Dachgärten. 25–45 Pfl./m^2.
Vermehrung: Aussaat im Frühling, Abrisslinge mit Wurzelansatz nach der Blüte.
Sorten: 'Alba', weiß; 'Düsseldorfer Stolz', rot (Bild); 'Vesuv', Laub dunkel, im Winter fast schwarz, Blüte rot.
Hinweise: Toleriert Salzböden.

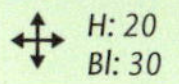
H: 20
Bl: 30

VIII

II

Artemisia schmidtiana

Kurilen-Beifuß, Silberraute
Asteraceae, Asterngewächse

Heimat: Japan, Sachalin.
Wuchs: Kissenförmig.
Blatt: Fächerförmig eingeschnitten, silbrig.
Blüte: Weiß im Sommer, VIII.
Frucht: Einzelblüten köpfchenartig, klein, in Rispen.
Standort: Sonnig, trocken. Auf gut dränierten Böden.
Lebensbereich: M,1–2, so: Matten; trocken bis frisch; sonnig. Auch für Steinanlagen.
Verwendung: Bodendecker für sonnige Lagen in durchlässigen Böden. 11–25 Pfl./m^2.
Vermehrung: Teilung im Frühling.
Sorten: 'Nana', Zwerg-Silberraute, bleibt noch niedriger, blüht selten (Bild).

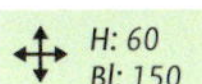
H: 60
Bl: 150

VI–VII

I

Aruncus dioicus

Wald-Geißbart
Rosaceae, Rosengewächse

Heimat: Europa bis Sibirien, N-Amerika.
Wuchs: Dichtbuschig, horstig.
Blatt: Doppelt 3- bis 5-fach gefiedert.
Blüte: In 50 cm langen Rispen, zweihäusig, weiß, VI–VII.
Frucht: Unscheinbar.
Standort: Waldrand, Halbschatten, gerne in Bachnähe.
Lebensbereich: GR,2,hs-sch: Gehölzrand; frisch; halbschattig bis schattig.
Verwendung: Einzeln in größeren, naturnahen Gärten und Parks. 1 Pfl./m^2.
Vermehrung: Teilung schwierig, Aussaat im Frühling.
Sorten: 'Kneiffii', Laub geschlitzt.
Hinweise: Besonders langlebige Art.

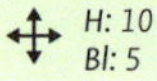
H: 10
Bl: 5

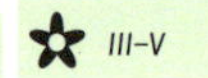
III–V

III

Asarum europaeum

Haselwurz
Aristolochiaceae, Osterluzeigewächse

Heimat: Altai, Europa bis Sibirien.
Wuchs: Kriechend, mattenartig.
Blatt: Nierenförmig, immergrün, Unterseite im Winter oft rötlich.
Blüte: Glockenförmig, unter dem Laub verborgen, grünbraun, III–V.
Frucht: Kapsel braun.
Standort: Humus der Kalkbuchenwälder im Schatten.
Lebensbereich: G,2,hs: Gehölz; frisch; halbschattig.
Verwendung: Unter Gehölzen in humosen Böden als Flächendecker. 16 Pfl./m^2.
Vermehrung: Teilung, Aussaat.
Hinweise: Bildet flaches Wurzelwerk aus, nicht zu tief pflanzen.

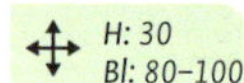
H: 30
Bl: 80–100

V–VI

II

Asphodeline lutea

Junkerlilie
Asphodelaceae, Junkerliliengewächse

Heimat: Mittelmeergebiet.
Wuchs: Horstig, aufrecht.
Blatt: Lineallanzettlich, 30 cm lang, grau-blaugrün, wintergrün.
Blüte: Dichte Blütentraube, 80 cm hoch, gelb, V–VI.
Frucht: Kugelig, mit 3-kantigem, schwarzem Samen.
Standort: Warm, vollsonnig, für geschützte Lagen; durchlässige Kalkböden.
Lebensbereich: FS,1,so: Felssteppe; trocken; sonnig. Auch für Freiflächen.
Verwendung: Sonnige Böschungen; Kiesflächen, Steinterrassen. 6–11 Pfl./m^2.
Vermehrung: Aussaat und Teilung.
Hinweise: Winterschutz vorteilhaft.

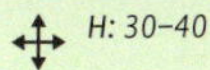
H: 30–40

-

I

Asplenium scolopendrium 'Crispum'

Wellen-Hirschzungenfarn
Aspleniaceae, Streifenfarngewächse

Heimat: Züchtung.
Wuchs: Horstig, aufrecht bis leicht überhängend.
Blatt: Länglich-lanzettlich, ungeteilt, Blattränder gewellt, wintergrün. Sori auf der Blattunterseite in länglichen Streifen angeordnet, braun.
Standort: Humusreiche Kalkböden in schattigen Lagen.
Lebensbereich: G,2–3,hs-sch: Gehölz; frisch bis feucht; halbschattig bis schattig. Auch für Steinfugen und Steinanlagen.
Verwendung: An Bachrändern, in Steingärten, zwischen Gehölzen. 6–11 Pfl./m^2.
Vermehrung: Teilung und durch Sporen, die von Juli bis Oktober reifen. Sorten werden durch Blattstielstecklinge vermehrt.

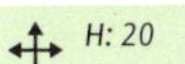
H: 20

-

II

Asplenium trichomanes

Brauner Streifenfarn
Aspleniaceae, Streifenfarngewächse

Heimat: Weltweit; heimisch.
Wuchs: Lockerhorstig, auch bogig überhängend.
Blatt: Gefiedert, mattgrün, Stiel dunkel, wintergrün.
Standort: Absonnige Steinfugen von Felsen, meist auf Kalk.
Lebensbereich: SF,2,hs: Steinanlagen; frisch; absonnig. Auch für Steinanlagen.
Verwendung: Für Steingärten, Tröge und Mauern im Halbschatten. 25 Pfl./m^2.
Vermehrung: Teilung und durch Sporen.
Sorten: 'Incisum', Gesägte Steinfeder. Blättchen tief eingeschnitten.
Hinweise: Oft mit der Mauerraute (*A. ruta-muraria*) anzutreffen.

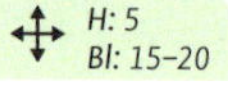
H: 5
Bl: 15–20

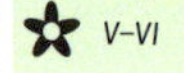
V–VI

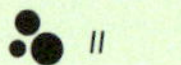
II

Aster alpinus

Alpen-Aster
Asteraceae, Asterngewächse

Heimat: Alpen bis Sibirien, Pyrenäen.
Wuchs: Lockerhorstig, polsterbildend.
Blatt: Spatelig, 6–8 cm lang, ganzrandig.
Blüte: Hellviolett mit gelber Scheibe, V–VI.
Frucht: Körbchen; Samen mit Pappus.
Standort: Durchlässige, kalkhaltige Böden, nachrutschender Schutt günstig.
Lebensbereich: FS,1–2; so: Felssteppe; trocken bis frisch; sonnig. Matten, Steinanlagen.
Verwendung: In kleinen Gruppen im Steingarten. Schalenbepflanzung. 16–45 Pfl./m^2.
Vermehrung: Teilung nach der Blüte, Aussaat.
Sorten: 'Albus', weiß; 'Dunkle Schöne', dunkelviolett.
Hinweise: Wurzelhals immer wieder mit Erde bedecken. Anspruchslos, aber nur in leichten, durchlässigen Böden.

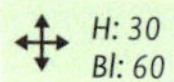
H: 30
Bl: 60

VIII–IX

II

Aster amellus

Berg-Aster, Kalk-Aster
Asteraceae, Asterngewächse

Heimat: Südliches Mitteleuropa bis Armenien und Sibirien.
Wuchs: Horstig, aufrecht, am Grund verholzend.
Blatt: Breit-lanzettlich, rauhaarig, 4–6 cm lang.
Blüte: Blütenstand verzweigt, blauviolett mit gelber Scheibe, VIII–IX.
Frucht: Körbchen; Samen mit Pappus.
Standort: Sonnige Hänge auf Kalkböden.
Lebensbereich: FR,1–2,so: Freifläche; trocken bis frisch; sonnig. Auch für Steppenheide.
Verwendung: Wildstaudenpflanzungen auf durchlässigen Böden in sonniger Lage. 6 Pfl./m^2.
Vermehrung: Stecklinge im April bis Mai, Aussaat möglich.
Sorten: 'Kobold', violett, 40 cm; 'Veilchenkönigin', dunkelviolett, 55 cm (Bild).

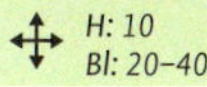
H: 10
Bl: 20–40

VIII–X

II

Aster dumosus

Kissen-Aster, Buschige Aster
Asteraceae, Asterngewächse

Heimat: N-Amerika.
Wuchs: Aufrecht, kissenartig, aber mit kriechendem Wurzelstock.
Blatt: Lineal-lanzettlich, ganzrandig, grün.
Blüte: Körbchenblüten in doldigem Blütenstand, lila mit gelber Scheibe, VIII–X.
Frucht: Körbchen; Samen mit Pappus.
Standort: Sonnige Plätze im Staudengarten.
Lebensbereich: Fr,2,so: Freifläche; frisch; sonnig. Verschiedene Sorten können dem Lebensbereich Beet zugeordnet werden.
Verwendung: In Wildstaudenpflanzungen in Gruppen, Rabatten, Einfassungen. 11 Pfl./m^2.
Vermehrung: Triebrisslinge im Frühling, Teilung.
Sorten: 'Herbstgruß vom Bresserhof' (Bild), violettrosa, 40 cm; 'Prof. Anton Kippenberg', lavendelblau, 40 cm; 'Schneekissen', weiß, 30 cm.

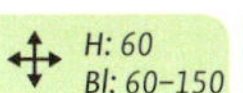
H: 60
Bl: 60–150

IX–X

I

Aster novae-angliae

Neuengland-Aster, Raublatt-Aster
Asteraceae, Asterngewächse

Heimat: N-Amerika.
Wuchs: Aufrecht, horstig, Stiele beblättert.
Blatt: Rau behaart, lanzettlich, bis 5 cm lang.
Blüte: Blütenköpfe 2,5–4 cm groß, Scheibenblüten gelb, Zungenblüten weiß, rosa, rot oder blau, Blütenstand verzweigt, IX–X.
Frucht: Körbchen; Samen mit Pappus.
Standort: Tiefgründig, sonnig.
Lebensbereich: Fr,2,so: Freifläche; frisch; sonnig.
Verwendung: Wichtige Leitstaude in Staudenbeeten und Rabatten. Bienenweide. 1 Pfl./m^2.
Vermehrung: Teilung.
Sorten: 'Alma Pötschke', 100 cm, lachsrosa; 'Herbstschnee', 130 cm, weiß; 'Rubinschatz', 130 cm, rot; 'Rudelsburg', 120 cm, lachsrosa (Bild).

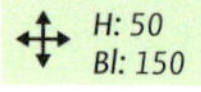
H: 50
Bl: 150

IX–X

I

Aster novi-belgii

Glattblatt-Aster, Neubelgien-Aster
Asteraceae, Asterngewächse

Heimat: N-Amerika.
Wuchs: aufrecht, horstig, dicht-buschig.
Blatt: Glatt, lanzettlich, dunkelgrün, 4–5 cm.
Blüte: Köpfchen in lockeren Doldenrispen, Scheibenblüten gelb, Zungenblüten blau, rosa, rot oder weiß, IX–X.
Frucht: Körbchen; Samen mit Pappus.
Standort: Durchlässige, kräftige Gartenböden.
Lebensbereich: Fr,2,so: Freifläche; frisch und sonnig.
Verwendung: Einzeln oder in Gruppen auf Rabatten. Schnittpflanze. 1,5 Pfl./m ^{2}.
Vermehrung: Teilung im Herbst oder Frühling.
Sorten: 'Crimson Brocade', 100 cm, rot; 'Dauerblau' (Bild), 140 cm, dunkelblau; 'Fellowship', 100 cm, rosa; 'Weißes Wunder', 120 cm, weiß.
Hinweise: Anfällig gegen Mehltau.

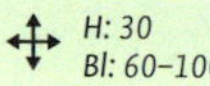
H: 30
Bl: 60–100

VII–IX

II

Astilbe × arendsii

Garten-Astilbe, Prachtspiere
Saxifragaceae, Steinbrechgewächse

Heimat: Züchtung aus ostasiatischen Arten.
Wuchs: Breitbuschig, horstig.
Blatt: Dreifach 3-teilig, lang gestielt, dunkelgrün, Austrieb rotbraun.
Blüte: Rispen straff oder locker, je nach Sorte, viele Farbtöne weiß, rot, violett, VII–IX.
Frucht: Klein, unscheinbar.
Standort: Durchlässige, humose (saure) Böden im Halbschatten, höhere Luftfeuchtigkeit.
Lebensbereich: B,2,so-hs: Beet; frisch; sonnig bis halbschattig. Auch Gehölzrand.
Verwendung: Flächig. Gute Schnittpflanze. 4–6 Pfl./m^2.
Vermehrung: Teilung des Wurzelstocks im Frühling.
Sorten: 'Cattleya', 100 cm, locker, rosa; 'Deutschland', 50 cm, weiß; 'Fanal', 60 cm, dunkelrot; 'Obergärtner Jürgens', 60 cm, karmin (Bild).

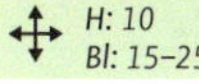

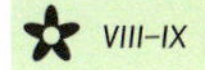

Astilbe chinensis var. pumila

Chinesische Zwerg-Prachtspiere
Saxifragaceae, Steinbrechgewächse

Heimat: Tibet, N-China.
Wuchs: Buschig, ausläuferbildend, niedrig.
Blatt: Dreifach 3-zählig, schwach behaart.
Blüte: Aufrechte, steife Rispen, violettrosa, VIII–IX.
Frucht: Unscheinbar.
Standort: Kräftige, humose Böden, verträgt auch sonnige Lagen.
Lebensbereich: GR,2,so-hs: Gehölzrand; frisch; sonnig bis halbschattig. Auch für Gehölz.
Verwendung: Flächige Pflanzungen vor Gehölzen. Auch für Gräber und Steingärten. 6–11 Pfl./m^2.
Vermehrung: Teilung im Frühling.

Astragalus angustifolius

Schmalblättriger Tragant
Fabaceae, Schmetterlingsblütler

Heimat: Balkan, Kreta, Kleinasien.
Wuchs: Polsterbildend, flach, bis 1 m breit. Bewehrte Triebe.
Blatt: Gefiedert, bis 4 mm lang, silbergrau.
Blüte: Weiß, V–VI.
Frucht: Hülse.
Standort: Durchlässige Böden in voller Sonne.
Lebensbereich: FS,1,so: Felssteppe; trocken; sonnig. Auch für Steinfugen und Steinanlagen.
Verwendung: Für Steingärten aller Art, vorwiegend auf Kalk. 4–11 Pfl./m^2.
Vermehrung: Risslinge im Herbst, vorher Polster einsanden.
Hinweise: Nur mit Topfballen verpflanzbar. Dornenstrauch.

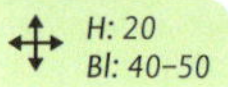
H: 20
Bl: 40–50

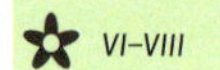
VI–VIII

II

Astrantia major

Große Sterndolde
Apiaceae, Selleriegewächse

Heimat: Mittel- bis O-Europa.
Wuchs: Buschig, horstbildend.
Blatt: Handförmig, 5-teilig, Stängel beblättert.
Blüte: Weiß bis rötlich, auffällige Hüllblättchen, VI–VIII.
Frucht: Klein, unscheinbar.
Standort: Humose Böden im Halbschatten, Bergwiesen.
Lebensbereich: GR,2,hs: Gehölzrand; frisch; halbschattig. Auch Freifläche.
Verwendung: Vor und zwischen Gehölzen. Schnittpflanze, Bienenweide, Heilpflanze. 6–11 Pfl./m^2.
Vermehrung: Teilung im Frühling.
Sorten: ‘Ruby Wedding’, dunkelrot, wertvolle Neuheit.

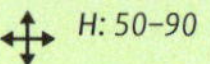
H: 50–90

-

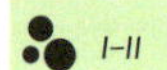
I–II

Athyrium filix-femina

Wald-Frauenfarn
Woodsiaceae, Wimpernfarngewächse

Heimat: Nördliche Halbkugel, S-Amerika.
Wuchs: Horstig, Wedel bogig überhängend.
Blatt: Doppelt bis 3-fach gefiedert, hellgrün.
Standort: Wälder, auf humosen, durchlässigen, kalkarmen Böden.
Lebensbereich: G,2,so-sch: Gehölz; frisch; sonnig bis schattig. Auch für Gehölzrand.
Verwendung: Unter Gehölzen, im Einzelstand oder in kleinen Trupps. 1,5–2,5 Pfl./m^2.
Vermehrung: Teilung im Frühling, Sporenreife VII–VIII.
Sorten: ‘Bornholmiense’, 25 cm; ‘Cristatum’, gegabelt; ‘Rotstiel’ (Bild).
Hinweise: Langlebige Pflanze, daher viele Jahre nicht umpflanzen.

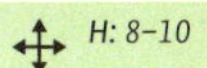
H: 8–10

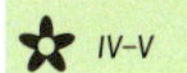
IV–V

I

Aubrieta-Cultivars

Blaukissen
Brassicaceae, Kohlgewächse

Heimat: Züchtungen der Blaukissenarten aus dem Mittelmeerraum.
Wuchs: Polsterbildend.
Blatt: Spatelförmig, am Ende gezähnt, graugrün, immergrün, 2–3 cm lang.
Blüte: 4-zählig, auch gefüllt, blau, violett oder rot, bis 1,5 cm groß, IV–V.
Frucht: Kleine Schoten.
Standort: Sonnige Lagen in durchlässigen Böden, in Verbindung mit Steinen.
Lebensbereich: MK,2,so: Mauerkronen; frisch; sonnig. Auch für Steinanlagen.
Verwendung: Auf Mauern und in Mauerfugen, Steingärten, Terrassenbeeten. 11 Pfl./m^2.
Vermehrung: Stecklinge der Rosetten im Herbst, auch Aussaat im Vorfrühling.
Sorten: 'Dr. Mules', blauviolett (Bild); 'Red Carpet', rot; 'Tauricola', blau.

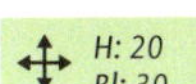
H: 20
Bl: 30

IV–V

I

Aurinia saxatilis

Felsen-Steinkresse, Felsen-Steinkraut
Brassicaceae, Kohlgewächse

Heimat: Mittelmeergebiete, Zentralasien.
Wuchs: Breit, kissenförmig bis 30 cm hoch.
Blatt: Rosettig, lanzettlich, graugrün.
Blüte: Kreuzblütchen in rispigen Trauben, goldgelb, Duft nach Honig, IV–V.
Frucht: Schötchen mit kleinen, flachen Samen.
Standort: Warm und sonnig, auf mageren Kalkböden.
Lebensbereich: FS,1,so: Felssteppe; trocken; sonnig. Auch Steinanlagen, Steinfugen.
Verwendung: Für Steingärten, Geröllbeete, Trockenmauern. 6–11 Pfl./m^2.
Vermehrung: Aussaat, gefüllte Sorten durch Stecklinge.
Sorten: 'Citrinum', Blüten zitronengelb; 'Plenum', gefüllte Blüten (Bild).
Hinweise: Verbreitet sich durch Selbstaussaat an geeigneten Standorten.

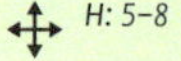
H: 5–8

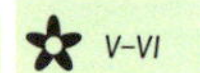
V–VI

II

Azorella trifurcata

Andenpolster
Apiaceae, Selleriegewächse

Heimat: S-Anden, Magellangebiet.
Wuchs: Polster, Flächenbildner.
Blatt: Fein geschlitzt, steife Rosetten bildend, glänzend dunkelgrün.
Blüte: Unscheinbar, gelblichgrün, V–VI.
Frucht: Unscheinbar.
Standort: Sonnige bis halbschattige Flächen in durchlässigen Böden.
Lebensbereich: FS,1–2,so-hs: Felssteppe; trocken bis frisch; sonnig bis halbschattig. Auch für Matten und Steinanlagen.
Verwendung: Als Flächenbildner für Steingärten, Gräber, Steinfugen, Gefäße. 16–25 Pfl./m^2.
Vermehrung: Rosettenstecklinge vom Frühherbst bis Winter, Risslinge.
Hinweise: Leichter Winterschutz in strengen Wintern. Fäulnisgefahr bei Nässe.

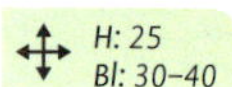
H: 25
Bl: 30–40

IV–V

I

Bergenia-Cultivars

Bergenie
Saxifragaceae, Steinbrechgewächse

Heimat: Züchtung. Arten aus O-Asien.
Wuchs: Ausgebreitet, kriechender Wurzelstock.
Blatt: Breitflächig, bis 30 cm lang, gestielt, glänzend immergrün.
Blüte: In Trugdolden, Einzelblüte glockig, rosa, rot oder weiß, IV–V.
Frucht: Kapsel gespalten.
Standort: Völlig anspruchslos.
Lebensbereich: GR,2,so-hs: Gehölzrand; frisch; sonnig bis halbschattig. Auch für Steinanlagen und Freiflächen.
Verwendung: Einzeln oder flächig, in kleinen Tuffs, im Halbschatten optimal. Schnittpflanze, Blattschmuck, Bienenweide. 6–8 Pfl./m^2.
Vermehrung: Teilung im Frühling.
Sorten: 'Admiral', 40 cm, rot; 'Silberlicht', 40 cm, weiß.

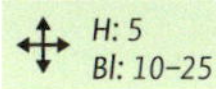
H: 5
Bl: 10–25

VII–IX

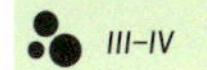
III–IV

Bistorta affinis

Teppich-Wiesenknöterich
Polygonaceae, Knöterichgewächse

Heimat: Nepal.
Wuchs: Mattenbildend, kriechend.
Blatt: Lanzettlich, ganzrandig, grün.
Blüte: Aufrechte Ähre mit rosafarbenen Blütchen, VII–IX.
Frucht: Ähren, unscheinbar.
Standort: Matten in durchlässigen Böden in voller Sonne. Im Schatten blüharm.
Lebensbereich: Fr,2–3,so-abs: Freifläche; frisch bis feucht; sonnig bis absonnig. Gehölzrand.
Verwendung: Als dichte Bodendecker für größere Flächen, zur Grabbepflanzung. 6–11 Pfl./m^2.
Vermehrung: Teilung im Frühling.
Sorten: 'Donald Lowndes', korallenrosa; 'Superbum', rosa, reich blühend.
Hinweise: Kann schwächere Partner verdrängen.

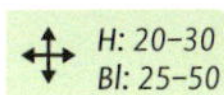
H: 20–30
Bl: 25–50

-

II

Blechnum spicant

Wald-Rippenfarn
Blechnaceae, Rippenfarngewächse

Heimat: Heimisch auf der nördlichen Halbkugel.
Wuchs: Flach ausgebreitet, lockerhorstig.
Blatt: Gefiedert, sterile Wedel breit-lanzettlich, 20–30 cm lang, immergrün.
Blüte: Fertile Sporenwedel (Sporophylle) sommergrün, steif aufrecht, bis über 50 cm lang. Mit vielen braunen Sporangien besetzt.
Standort: Saure Humusböden im Schattenbereich in mehr feuchten Lagen. Rohhumusböden.
Lebensbereich: G,2–3,hs-sch: Gehölz; frisch bis feucht; halbschattig bis schattig. Auch für den Gehölzrand.
Verwendung: Vor und unter kalkarmliebenden Gehölzen (z. B. Rhododendron); an Bachläufen. 6–11 Pfl./m^2.
Vermehrung: Teilung im Frühling, Sporenvermehrung.

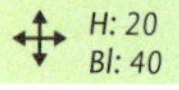

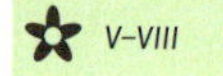

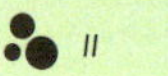

Briza media

Mittleres Zittergras, Herz-Zittergras
Poaceae, Süßgräser

Heimat: Asien, Mittel- und S-Europa.
Wuchs: Aufrecht, lockerhorstig.
Blatt: Linealisch, zugespitzt.
Blüte: Grüne, herzförmige Ährchen an lockeren Blütenrispen, V–VIII.
Frucht: Hellbraun, herzförmig. Karyopse.
Standort: Magerwiesen in sonniger Lage in humosen Böden.
Lebensbereich: SH,1–2,so: Steppenheide; trocken bis frisch; sonnig. Auch für Matten.
Verwendung: Wildstaudenpflanzungen. Extensive Dachbegrünung. Schnittpflanze, Trockenbinderei. 6–11 Pfl./m^2.
Vermehrung: Aussaat im Frühling, Teilung.
Hinweise: Im Herbst nicht zurückschneiden, Zieraspekt im Winter.

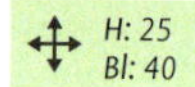

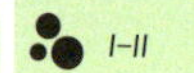

Brunnera macrophylla

Kaukasusvergissmeinnicht
Boraginaceae, Raublattgewächse

Heimat: W-Kaukasus.
Wuchs: Buschig, horstbildend.
Blatt: Breit-herzförmig, bis 25 cm lang und 15 cm breit, rauhaarig.
Blüte: Blau, in lockeren Trauben, IV–V.
Frucht: Grüne Nüsschen.
Standort: Lehmig-humose Böden in sonniger bis halbschattiger Lage.
Lebensbereich: GR,2,so-hs: Gehölzrand; frisch; sonnig bis halbschattig.
Verwendung: Vor und zwischen Gehölzen in kleinen Trupps. Blattschmuck. 6–11 Pfl./m^2.
Vermehrung: Aussaat und Teilung im Frühling, Wurzelschnittlinge im Winter.
Sorten: 'Blaukuppel', gedrungen; 'Jack Frost', silbriges Laub.
Besonderes: Mehrere Sorten mit silbrigen Blättern.
Hinweise: Sommergrün. Selbstaussaat möglich.

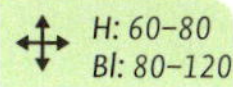
H: 60–80
Bl: 80–120

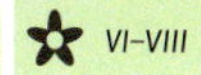
VI–VIII

I

Butomus umbellatus

Blumenbinse, Schwanenblume
Butomaceae, Schwanenblumengewächse

Heimat: Asien, Europa, N-Afrika.
Wuchs: Aufrecht, lockerhorstig, Rhizome schwach kriechend.
Blatt: Linealisch, bis 80 cm lang, aber nur 1 cm breit, grün.
Blüte: 6-teilig, in doldigem Blütenstand, rosa, VI–VIII.
Frucht: Unscheinbare Nüsschen.
Standort: In bis zu 50 cm tiefem Wasser in Gräben, Teichen und Sümpfen.
Lebensbereich: WR,5,so: Wasserrand; flaches Wasser; sonnig.
Verwendung: Für größere Wasserbecken und Teiche. 4–6 Pfl./m^2.
Vermehrung: Aussaat sofort nach der Ernte in Moorerde, Töpfe halb ins Wasser stellen, Teilung im Frühling.

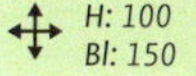
H: 100
Bl: 150

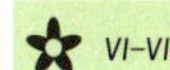
VI–VII

I

Calamagrostis × acutiflora 'Karl Foerster'

Gartensandrohr, Garten-Reitgras
Poaceae, Süßgräser

Heimat: Züchtung.
Wuchs: Horstig, macht keine Ausläufer wie die Wildpflanze.
Blatt: Linealisch, grün, im Herbst gelb. Früher Austrieb.
Blüte: Rispe weitgefächert, an langen Halmen in VI–VII.
Frucht: Rispe, unscheinbare Karyopse.
Standort: Nährstoffreiche Böden.
Lebensbereich: Fr,2,so: Freifläche; frisch; sonnig; auch trockener.
Verwendung: Einzelstand in Beeten und Wildstaudenpflanzungen. Schnittpflanze, wertvoller Fruchtschmuck. 1 Pfl./m^2.
Vermehrung: Teilung im Frühling.

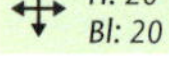

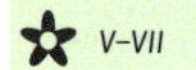

Calla palustris

Sumpf-Kalla, Schlangenwurz
Araceae, Aronstabgewächse

Heimat: Europa.
Wuchs: Niederliegend, kriechend durch Rhizome.
Blatt: Rundlich-herzförmig, gestielt, bis 20 cm lang.
Blüte: Blütenkolben, umgeben von weißem Hochblatt (Spatha), 6–8 cm lang, gelb, V–VII.
Frucht: Kolben, Beeren zur Reife rot.
Standort: Sumpf; saure Böden, flache Gewässer.
Lebensbereich: WR,4–5,so-hs: Wasserrand; sumpfig bis Flachwasser; sonnig bis halbschattig.
Verwendung: Teichränder und Sumpfbeete, auch Behälter. 1–3 Pfl./m^2.
Vermehrung: Teilung der Rhizome im Vorfrühling und Aussaat, beides schwierig.
Hinweise: Giftige Pflanze. Geschützte Wildpflanze.

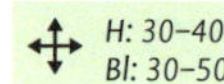

Caltha palustris

Sumpf-Dotterblume
Ranunculaceae, Hahnenfußgewächse

Heimat: Europa, Kleinasien, N-Amerika.
Wuchs: Horstige Sumpfpflanze mit kräftigem Wurzelstock.
Blatt: Gestielt, rund bis herzförmig, 5–8 cm breit, glänzend grün.
Blüte: Goldgelbe Blütenschalen am Ende verzweigter Stiele, III–V.
Frucht: Balgfrucht, Samen glänzend.
Standort: Feuchte Plätze aller Art, Teich- und Bachränder.
Lebensbereich: WR,4,so-hs: Wasserrand; sumpfig; sonnig bis halbschattig. Auch für Freiflächen und Gehölzränder.
Verwendung: Dauerfeuchte Stellen in nährstoffreichen Böden, Teichrand. 4–6 Pfl./m^2.
Vermehrung: Teilung im Frühling, Aussaat sofort nach der Ernte. Töpfe müssen feucht sein!
Sorten: ‘Multiplex’, gefüllte Blüten.

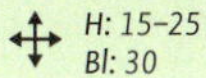
H: 15–25
Bl: 30

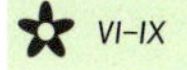
VI–IX

I

Campanula carpatica

Karpaten-Glockenblume
Campanulaceae, Glockenblumengewächse

Heimat: Karpaten.
Wuchs: Polsterbildend, lockerhorstig.
Blatt: Oval-eiförmig, Blattrand gezähnt, hellgrün.
Blüte: Schalenblüten, 3–4 cm groß, violettblau, VI–IX.
Frucht: Kapsel mit vielen feinen Samen.
Standort: Kalkfelsen in meist sonniger Lage.
Lebensbereich: FS,2,so: Felssteppe; frisch; sonnig. Auch für Steinanlagen.
Verwendung: Steingärten, Rabatten, Geröllbeete. 11–25 Pfl./m^2.
Vermehrung: Teilung auch nach der Blüte, Aussaat im Frühling.
Sorten: 'Blaue Clips', blau; 'Weiße Clips', weiß; beide Sorten bilden sortenechten Samen aus; 'Karpatenkrone', hellblau. Alle Sorten sollten vegetativ vermehrt werden.
Hinweise: Vor Schnecken schützen.

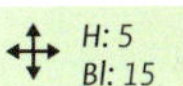
H: 5
Bl: 15

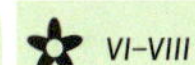
VI–VIII

II

Campanula cochleariifolia

Zwerg-Glockenblume
Campanulaceae, Glockenblumengewächse

Heimat: Alpen.
Wuchs: Mattenartig, kriechend, ausläuferbildend.
Blatt: Klein, rundlich, gezähnt.
Blüte: Glöckchen, 2 cm groß, nickend, hellblau (oder weiß), VI–VIII.
Frucht: Transparente Kapsel mit feinen Samen.
Standort: Geröllhalden, auch in Felsspalten.
Lebensbereich: SF,2,so-hs: Steinfugen; frisch; sonnig bis halbschattig. Auch für Felssteppe und Steinanlagen.
Verwendung: Steingartenpflanze, die mit ihren Ausläufern Steinfugen durchdringt. 11–25 Pfl./m^2.
Vermehrung: Aussaat im Vorfrühling, Teilung des Wurzelgeflechts.
Sorten: 'Alba', weiß; 'Warleyense', hellblau gefüllt.
Hinweise: Vor Schnecken schützen.

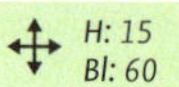
H: 15
Bl: 60

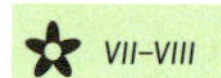
VII–VIII

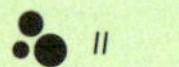
II

Campanula glomerata

Knäuel-Glockenblume
Campanulaceae, Glockenblumengewächse

Heimat: Europa, Kaukasus, Kleinasien, Mittelasien.
Wuchs: Dichtbuschig, ausläuferbildend.
Blatt: Breitlanzettlich, rau, sitzend.
Blüte: End- und achselständig, in dichten Schöpfen, dunkelviolett VII–VIII.
Frucht: Kapsel.
Standort: Sonnige Wiesenhänge in Kalkgebieten.
Lebensbereich: Fr,1–2,so: Freifläche; trocken bis frisch; sonnig, auch Gehölzrand.
Verwendung: Wildstaudenpflanzungen, Schalen, Schnittpflanze. 11 Pfl./m^2.
Vermehrung: Teilung der Sorten im Frühling, Aussaat im Vorfrühling.
Sorten: 'Acaulis', 15–20 cm (Bild); 'Alba', weiß; 'Superba', dunkelviolett.
Hinweise: Auch Zwergsorten werden gehandelt.

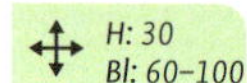
H: 30
Bl: 60–100

VI–VII

II

Campanula persicifolia

Pfirsichblättrige Glockenblume
Campanulaceae, Glockenblumengewächse

Heimat: Europa, Balkan bis Sibirien.
Wuchs: Aufrecht, locker, bogig überhängend, treibt Ausläufer.
Blatt: Schmal, glänzend grün, Stängel beblättert.
Blüte: Breitglockig, groß, leuchtend blau, VI–VII.
Frucht: Kapsel.
Standort: Wiesenhänge, lichte Haine kalkreicher Böden.
Lebensbereich: GR,1,so: Gehölzrand; trocken; sonnig. Auch Gehölz und Freifläche.
Verwendung: In Wildstaudenpflanzungen, Rabatten. Schnittpflanze (langstielig), Bienenweide. 11–16 Pfl./m^2.
Vermehrung: Teilung nach der Blüte.
Sorten: 'Grandiflora Alba', weiß; 'Telham Beauty', große, blaue Blüten.

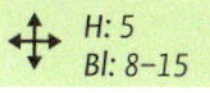
H: 5
Bl: 8–15

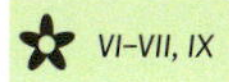
VI–VII, IX

I

Campanula portenschlagiana

Dalmatiner Glockenblume
Campanulaceae, Glockenblumengewächse

Heimat: Dalmatien.
Wuchs: Polsterförmig, kurze, unterirdische Ausläufer bildend. Kriecht langsam.
Blatt: Rundlich, gezähnt.
Blüte: Glockig, blauviolett, breitzipfelig, VI–VII, IX.
Frucht: Kleine Kapsel.
Standort: Steinige Hänge, Felsen in Sonne und Halbschatten.
Lebensbereich: ST,1–2,so-abs: Steinanlagen; trocken bis frisch; sonnig bis absonnig. Auch für Mauerkronen und Steinfugen.
Verwendung: Beste Steingartenpflanze, auch für Rabatten und Wegeinfassungen. 11–25 Pfl./m^2.
Vermehrung: Teilung nach der Blüte, Stecklinge ganzjährig.
Sorten: 'Birch', lichtblau; 'Major', lila.

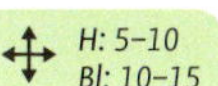
H: 5–10
Bl: 10–15

VI–VIII

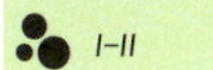
I–II

Campanula poscharskyana

Hängepolster-Glockenblume
Campanulaceae, Glockenblumengewächse

Heimat: Dalmatien (bei Dubrovnik).
Wuchs: Niederliegend, rasig, bildet oberirdische, lange Ausläufer.
Blatt: Rundlich-herzförmig, am Rand gezähnt.
Blüte: Sternförmig, hellblau, VI–VIII.
Frucht: Kleine Kapsel.
Standort: Durchlässige Kalkböden in Sonne und Halbschatten.
Lebensbereich: St,1–2,so-hs: Steinanlagen; trocken bis frisch; sonnig bis halbschattig.
Verwendung: Staudenbeete, Steingärten, auch zur Dachbegrünung. Bienenweide. 6–11 Pfl./m^2.
Vermehrung: Teilung nach der Blüte, Aussaat im Vorfrühling.
Sorten: 'Blauranke', violettblau, 20 cm, auch für Balkonkästen (Bild).
Hinweise: Langtriebe nach der Blüte entfernen.

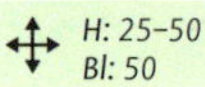
H: 25–50
Bl: 50

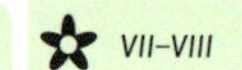
VII–VIII

II

Carex buchananii

Fuchsrote Segge
Cyperaceae, Zypergrasgewächse

Heimat: Neuseeland.
Wuchs: Aufrecht-überhängend, horstig.
Blatt: Sehr schmal, eingerollt, ganzjährig rotbraun gefärbt.
Blüte: Unscheinbare Ähren braun, 4 cm lang, VII–VIII.
Frucht: Ähren mit Karyopse.
Standort: In der Heimat an Bächen, bei uns eher an trockeneren Plätzen.
Lebensbereich: Fr,2–3,so: Freifläche; frisch bis feucht; sonnig. Auch für Felssteppe.
Verwendung: In sauren Böden mit *Acaena* und *Hebe* oder Heidearten. 11 Pfl./m^2.
Vermehrung: Teilung und Aussaat im Frühling.
Hinweise: Leichter Winterschutz vorteilhaft.

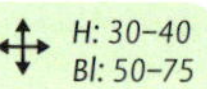
H: 30–40
Bl: 50–75

VII–VIII

II

Carex grayi

Morgenstern-Segge
Cyperaceae, Zypergrasgewächse

Heimat: Atlantisches N-Amerika.
Wuchs: Aufrecht, horstig.
Blatt: Schmal, bandförmig, im Herbst gelblich
Blüte: Unscheinbare Köpfchen, VII–VIII.
Frucht: Auffällige Köpfchen in Form einer Stachelkeule.
Standort: Im Frühling feuchte Wiesen in sonniger Lage.
Lebensbereich: Fr,3,so-hs: Freifläche; feucht; sonnig bis halbschattig. Auch für Wasserrand.
Verwendung: Wasserrand, Schnitt, Trockensträuße. 16 Pfl./m^2.
Vermehrung: Teilung, Aussaat im Frühling.
Hinweise: Versamt sich an zusagenden Plätzen.

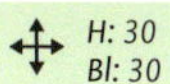
H: 30
Bl: 30

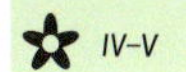
IV–V

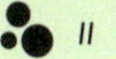
II

Carex morrowii 'Variegata'

Gestreifte Japan-Segge
Cyperaceae, Zypergrasgewächse

Heimat: Züchtung.
Wuchs: Horstig, bogig überhängend.
Blatt: Schmal, grün-weiß gestreift, immergrün.
Blüte: Gelbe Ähren, IV–V.
Frucht: Ähre, Karyopse hellbraun.
Standort: Saure Böden im Halbschatten, unter Gehölzen.
Lebensbereich: G,2,hs: Gehölz; frisch; halbschattig. Auch Gehölzrand.
Verwendung: Auch in größerer Anzahl unter und vor Gehölzen. 11 Pfl./m^2.
Vermehrung: Teilung im Frühling.
Weitere Arten: *C. hachijoensis* 'Evergold', gelb-weiß-grün gestreifte Blätter; *C. plantaginea,* breites Blatt, bodenbedeckend.

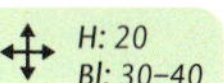
H: 20
Bl: 30–40

VII–IX

I

Carlina acaulis subsp. caulescens

Hohe Silberdistel
Asteraceae, Asterngewächse

Heimat: Europa.
Wuchs: Horstig, aufrechter Blütenstand aus einer Blattrosette entspringend.
Blatt: Fiederspaltig, bedornt.
Blüte: Blütenkopf braun, 12 cm groß, mit silbrigen Hüllblättern, VII–IX.
Frucht: Blütenkorb, Samen mit Pappus.
Standort: Kalkreiche Magerwiesen auf durchlässigen Böden, vollsonnig.
Lebensbereich: SH,1–2,so: Steppenheide; trocken bis frisch; Felssteppe und Steinanlagen.
Verwendung: Schnittpflanze, Trockenblume, Steingärten. 6 Pfl./m^2.
Vermehrung: Aussaat im Vorfrühling.
Sorten: 'Bronce', bronzefarbene Blattrosetten.
Hinweise: Geschützte Wildpflanze.

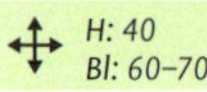
H: 40
Bl: 60–70

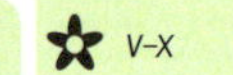
V–X

II

Centranthus ruber

Spornblume
Valerianaceae, Baldriangewächse

Heimat: Mittelmeergebiet, S-Deutschland.
Wuchs: Aufrecht, horstig.
Blatt: Breit eiförmig, gegenständig, blaugrün.
Blüte: Langspornig, end- und achselständig in Trugdolden, dunkelrosarot, V–X.
Frucht: Trugdolde; Samen mit fallschirmartigem Pappus.
Standort: Trockene, warme Plätze, in alten Gemäuern und Kalkfelsen, sonnig.
Lebensbereich: FS,1,so: Felssteppe; trocken; sonnig. Auch Steinfugen, Freiflächen.
Verwendung: Für Beete, Mauerkronen, Kiesflächen. Schnittpflanze. Heilpflanze. 10 Pfl./m^2.
Vermehrung: Aussaat im Frühling, sät sich reichlich selbst aus.
Sorten: 'Albiflorus', weiß, 'Coccineus', rot (Bild).
Hinweise: Verblühtes laufend entfernen. Sehr anspruchslos, aber wärmeliebend.

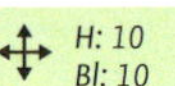
H: 10
Bl: 10

VI–IX

III

Ceratophyllum demersum

Raues Hornblatt
Ceratophyllaceae, Hornblattgewächse

Heimat: Weltweite Verbreitung, Kosmopolit.
Wuchs: Flach, liegend, schwimmende Triebe im Wasser bilden kaum Wurzeln. Wassertiefe: -30 bis -150 cm Tiefe.
Blatt: Blattquirle hornartig, bis zu 2 cm lang, doppelt gegabelt.
Blüte: Unscheinbar, grünlich, werden unter Wasser bestäubt, VI–IX.
Frucht: Unscheinbar.
Standort: Stehende oder schwach fließende Gewässer. Warme, nährstoffreiche Standorte.
Lebensbereich: W,8,so-hs: Wasser; freischwimmend; sonnig bis halbschattig.
Verwendung: Auch für kleine Teiche und Wasserbecken als Sauerstofflieferant. 4 Pfl./m^2.
Vermehrung: Teilung der Sprosse ganzjährig möglich.

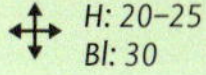
H: 20–25
Bl: 30

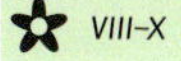
VIII–X

III

Ceratostigma plumbaginoides

Kriechende Hornnarbe, Bleiwurz
Plumbaginaceae, Bleiwurzgewächse

Heimat: China.
Wuchs: Buschig, Wurzelausläufer bildend.
Blatt: Verkehrt-eiförmig, glatt, grün, im Herbst braunrot.
Blüte: 5-teilige Sternblüten, azurblau, VIII–X.
Frucht: Nussfrucht.
Standort: Warme, sonnige Lagen in Steingärten. Kalkhaltige, gut dränierte Böden.
Lebensbereich: FS,1,so: Felssteppe; trocken, sonnig. Auch für Freiflächen.
Verwendung: Bodendecker mit später Blüte und Herbstfärbung. 16 Pfl./m^2.
Vermehrung: Teilung im Frühling.
Hinweise: Mit Winterschutz.

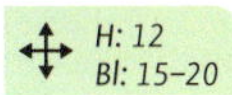
H: 12
Bl: 15–20

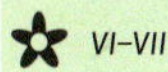
VI–VII

II

Chiastophyllum oppositifolium

Goldtröpfchen, Walddickblatt
Crassulaceae, Dickblattgewächse

Heimat: W-Kaukasus.
Wuchs: Blattrosetten, überhängende Blütentriebe, kriechend.
Blatt: Rundlich, fleischig, am Rand gekerbt.
Blüte: Nickende Blütenrispen, goldgelb, VI–VII.
Frucht: Kleine Kapsel mit sehr feinen Samen.
Standort: Absonnige Plätze im Steingarten.
Lebensbereich: SF,2,abs: Steinfugen; frisch; absonnig. Auch Matten und Mauerkronen.
Verwendung: Bodendecker für kalkarme Standorte, Grabstätten und kleinere Flächen. 11–25 Pfl./m^2.
Vermehrung: Teilung und Aussaat im Vorfrühling.

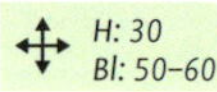
H: 30
Bl: 50–60

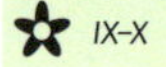
IX–X

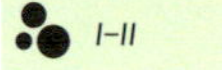
I–II

Chrysanthemum × grandiflorum

Garten-Chrysantheme, Winteraster
Asteraceae, Asterngewächse

Heimat: Züchtung.
Wuchs: Aufrecht, horstig, dichtbuschig. Stängel beblättert und verzweigt.
Blatt: Eiförmig, gelappt, mattgrün.
Blüte: Körbchen, einfach oder gefüllt. Je nach Sorte weiß, gelb, orange, rot, IX–X.
Frucht: Körbchen, Samen klein.
Standort: Nährstoffreiche Böden in voller Sonne.
Lebensbereich: B,2,so: Beet; frisch; sonnig.
Verwendung: Spätblühende Beetstaude. Schnittpflanze. 6 Pfl./m^2.
Vermehrung: Kopfstecklinge nach der Blüte, Teilung im Vorfrühling.
Sorten: Unzählige Sorten in vielen Farben und Füllungsgraden; 'Lachsrosa Wolke', rosa (Bild).
Hinweise: Einige Sorten sind bedingt winterhart.

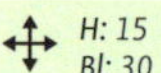
H: 15
Bl: 30

VI–VII

II

Chrysanthemum weyrichii

Chrysantheme
Asteraceae, Asterngewächse

Heimat: Japan, Kamtschatka.
Wuchs: Aufrecht, horstig, dichtbuschig. Stängel beblättert und verzweigt.
Blatt: Eiförmig, mehrfach gezähnt, mattgrün.
Blüte: Rosa, VI–VII.
Frucht: Körbchen, Samen klein.
Standort: Nährstoffreiche Böden in voller Sonne.
Lebensbereich: Fr,1–2,so: Freifläche; trocken bis frisch; sonnig. Auch für Steinanlagen.
Verwendung: Für Steingärten als Sommerblüher, in kleinen Gruppen. Schnittpflanze. 11–25 Pfl./m^2.
Vermehrung: Kopfstecklinge nach der Blüte, Teilung im Vorfrühling.

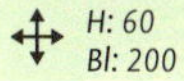
H: 60
Bl: 200

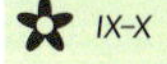
IX–X

I

Cimicifuga ramosa

September-Silberkerze
Ranunculaceae, Hahnenfußgewächse

Heimat: Kamtschatka.
Wuchs: Horstig, straff aufrecht, Blütenkerzen aufrecht.
Blatt: 3-teilig gefiedert, kurz gestielt, grob gesägt.
Blüte: Blütentrauben bis 40 cm lang, weiß, IX–X.
Frucht: Kleine Balgfrucht, unauffällig.
Standort: Schattige Partien in sauren, humosen Böden.
Lebensbereich: GR,2,abs-hs: Gehölzrand; frisch; absonnig bis halbschattig.
Verwendung: Solitärstaude für kalkarme Böden im Schattenbereich. 1 Pfl./m^2.
Vermehrung: Teilung im Vorfrühling und Aussaat nach der Samenreife.
Hinweise: Dezenter Fruchtschmuck, erzielt bei Raureif seine Wirkung.

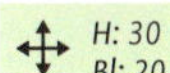
H: 30
Bl: 20

X

II

Colchicum autumnale

Herbst-Zeitlose
Colchicaceae, Zeitlosengewächse

Heimat: Europa.
Wuchs: Aufrecht, horstbildende Zwiebelpflanze.
Blatt: Zungenförmig, erscheint im Frühling.
Blüte: Trichterförmig, violettrosa, X.
Frucht: 3-teilige Kapsel im Frühling, 3–4 cm, erst grün, dann braun.
Standort: Nährstoffreiche Auwiesen, Sonne.
Lebensbereich: Fr,2–3,so: Freifläche; frisch bis feucht; sonnig. Auch Gehölzrand.
Verwendung: In kleinen Gruppen in tiefgründigen Böden, die Gartensorten auf Beeten und Steingärten. 6–11 Pfl./m^2.
Vermehrung: Teilung alter Horste im Sommer, Aussaat sofort nach der Ernte.
Sorten: 'Lilac Wonder', fliederfarben; 'Waterlily', rosa gefüllt (Bild).
Hinweise: Giftige Pflanze.

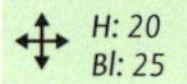 H: 20 Bl: 25

 V

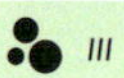 III

Convallaria majalis

Gewöhnliches Maiglöckchen
Asparagaceae, Spargelgewächse

Heimat: Europa, Kaukasus, W-Asien.
Wuchs: Aufrecht, locker, Rhizome bildend.
Blatt: Breit-lanzettlich, bis 15 cm lang, im Spätsommer gelbbraun, zieht ein.
Blüte: Nickende Glöckchen an aufrechten Trauben, 1 cm groß, weiß, V.
Frucht: Rote Beeren erscheinen selten, besonders giftig.
Standort: Kalkbuchenwälder im Halbschatten, bevorzugt Lehmböden.
Lebensbereich: G,2,hs: Gehölz; frisch; halbschattig. Auch Gehölzrand.
Verwendung: Als Flächendecker unter Gehölzen aller Art, verdrängende Wirkung. 16 Pfl./m^2.
Vermehrung: Teilung der Rhizome im Sommer.
Sorten: 'Grandiflora', größere Blüten. Schnittpflanze.
Hinweise: Giftige Pflanze.

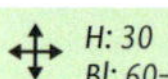 H: 30 Bl: 60–80

 VII–X

 II

Coreopsis grandiflora

Großblumiges Mädchenauge
Asteraceae, Asterngewächse

Heimat: USA.
Wuchs: Locker aufrecht, horstbildend.
Blatt: Frischgrün, lanzettlich, fiederschnittig, bis 15 cm lang.
Blüte: Goldgelbe Körbchenblüten einzeln an langen Stielen, bis 10 cm groß, VII–X.
Frucht: Geflügelte Samen.
Standort: Humose, nährstoffreiche Böden in voller Sonne.
Lebensbereich: B,2,so: Beet; frisch; sonnig.
Verwendung: Wichtige, langblühende Beetstauden. Schnittpflanze. 9 Pfl./m^2.
Vermehrung: Teilung nach der Blüte, Aussaat im Frühling.
Sorten: 'Badengold', goldgelb, 80 cm (steril); 'Early Sunrise', goldgelb gefüllt, 60 cm (Bild); 'Tetragold', goldgelb, großblütig, 80 cm.
Hinweise: Rückschnitt im Herbst.

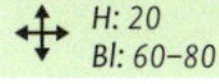 H: 20 Bl: 60–80  VI–IX 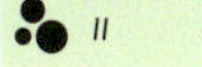 II

Coreopsis verticillata

Netzblattstern, Quirlblättriges Mädchenauge
Asteraceae, Asterngewächse

Heimat: USA.
Wuchs: Dichtbuschig, bildet dünne, gelbe Rhizome.
Blatt: Nadelartig wirkend, hellgrün.
Blüte: Körbchenblüten, 4–5 cm breit, leuchtend gelb, VI–IX.
Frucht: Körbchen mit flachen Samen.
Standort: Durchlässige Böden in voller Sonne.
Lebensbereich: Fr,2,so,-b: Freifläche; frisch; sonnig; beetstaudenähnlich.
Verwendung: Für Beete und Rabatten, auch in Wildstaudenpflanzungen. 6–11 Pfl./m^2.
Vermehrung: Teilung im Frühling.
Sorten: 'Grandiflora', goldgelb, 60–80 cm; 'Moonbeam', 40 cm, zitronengelb; 'Zagreb', gelb, 30 cm (Bild).
Hinweise: Gelegentliche Teilung fördert den Wuchs.

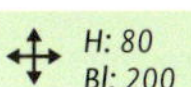 H: 80 Bl: 200 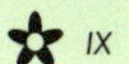 IX  I

Cortaderia selloana

Pampasgras
Poaceae, Süßgräser

Heimat: Argentinien.
Wuchs: Aufrecht, horstbildend.
Blatt: Schmal, mattgrün, 1 m lang, an den Rändern scharf gezähnt. In milden Wintern immergrün! Rückschnitt im April.
Blüte: Fedrige Rispe, 2-häusig, silbrige Wedel bis 60 cm lang, IX.
Frucht: Samen winzig.
Standort: Vollsonnig, warm, nährstoffreich.
Lebensbereich: FR,2,so,-b: Freifläche; frisch; sonnig; beetstaudenähnlich.
Verwendung: Einzeln in großen Gärten, Parks. Schnittpflanze, Trockenbinderei. 0,7 Pfl./m^2.
Vermehrung: Teilung im April.
Sorten: 'Pumila', 100 cm; 'Sunningdale Silver', 200 cm.
Hinweise: Im Spätherbst Blattschöpfe einbinden, Laubdecke 20 cm hoch.

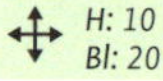
H: 10
Bl: 20

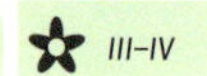
III–IV

III

Corydalis cava

Hohler Lerchensporn
Fumariaceae, Erdrauchgewächse

Heimat: Europa.
Wuchs: Dichtbuschige Knollenpflanze. Zieht nach der Blüte ein. Knolle hohl.
Blatt: Doppelt 3-teilig, bläulich grün.
Blüte: Blütentrauben mit gespornten Blüten, rosa oder weiß, III–IV.
Frucht: Schwarze Samen, werden von Ameisen verbreitet.
Standort: Waldränder von humusreichen Kalkbuchenwäldern.
Lebensbereich: G,2,hs: Gehölz; frisch; halbschattig. Auch für Gehölzrand.
Verwendung: Unterwuchs unter Gehölzen aller Art. Guter Partner für spät austreibende Stauden. Heilpflanze. 25 Pfl./m^2.
Vermehrung: Aussaat V–VI.
Hinweise: Giftige Pflanze. An geeigneten Standorten, starke Verbreitung durch Selbstaussaat.

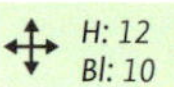
H: 12
Bl: 10

III

II

Crocus chrysanthus

Kleiner Krokus, Balkan-Krokus
Iridaceae, Schwertliliengewächse

Heimat: SO-Europa, Kleinasien.
Wuchs: Aufrecht, horstige Knollenpflanze.
Blatt: Grasartig, linealisch; erscheint nach der Blüte.
Blüte: Hellorange-gelb, rundliche Trichterblüten, III.
Frucht: Häutige Kapsel mit hellbraunen Samen.
Standort: Bergwiesen in sonniger Lage.
Lebensbereich: Fr,1–2,so: Freifläche; trocken bis frisch; sonnig. Auch Steinanlagen.
Verwendung: In Gruppen zwischen niederen Vorfrühlingsstauden. Bienenweide. 10–100 Pfl./m^2.
Vermehrung: Durch Brutknöllchen oder Aussaat.
Sorten: ‘Blue Peter’, dunkelblau; ‘Eyecatcher’, violett mit Weiß; ‘Sunkist’, buttergelb. Alle Sorten mit gelbem Schlundfleck. ‘Saturnus’ gelb, braune Streifen.

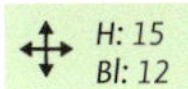
H: 15
Bl: 12

IX–X

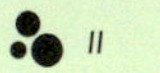
II

Crocus speciosus

Herbst-Pracht-Krokus
Iridaceae, Schwertliliengewächse

Heimat: Kaukasus, Kleinasien, Krim, Iran.
Wuchs: Aufrecht, horstige Knollenpflanze.
Blatt: Grasartig, linealisch; erscheint nach der Blüte im Herbst, zieht erst im Mai ein.
Blüte: Trichterblüte, blau orangerote Narben, IX–X.
Frucht: Häutige Kapsel mit hellbraunen Samen.
Standort: Bergwiesen in sonnigen Lagen.
Lebensbereich: Fr,1–2,so: Freifläche; trocken bis frisch; sonnig. Auch für Steinanlagen.
Verwendung: In Gruppen zwischen niederen Stauden. 10–100 Pfl./m^2.
Vermehrung: Durch Brutknöllchen oder Aussaat nach der Samenreife im Frühling.
Sorten: 'Albus', weiß; 'Oxonian', violettblau.
Hinweise: Lässt sich gut in Töpfen treiben.

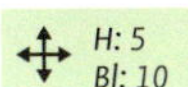
H: 5
Bl: 10

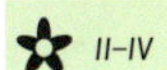
II–IV

II

Cyclamen coum

Frühlings-Alpenveilchen
Primulaceae, Primelgewächse

Heimat: SO-Europa, Kleinasien bis Israel.
Wuchs: Ausgebreitet, aus abgeflachter Knolle entwickeln sich Blätter und Blüten.
Blatt: Nierenförmig, 5 cm breit, dunkelgrün.
Blüte: Meist 1-blütig, hell-dunkelrosa, auch weiß, 2 cm groß, mit roten Flecken am Grund, II–IV, auch schon ab XII.
Frucht: Kugelig, 1 cm groß, enthält große Samen.
Standort: Humose Böden im Halbschatten.
Lebensbereich: G,1–2,hs: Gehölz; trocken bis frisch; Gehölzrand und Steinanlagen.
Verwendung: Einzeln oder in kleinen Gruppen unter Vorfrühlingssträuchern. 11–25 Pfl./m^2.
Vermehrung: Aussaat sofort nach der Ernte.
Sorten: 'Album', weiß.
Hinweise: Geschützte Wildpflanze. Nur Pflanzen gärtnerischer Herkunft dürfen gehandelt werden.

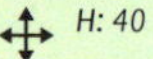 H: 40 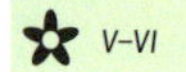 V–VI  I

Cypripedium calceolus

Marien-Frauenschuh, Gelber Frauenschuh
Orchidaceae, Orchideengewächse

Heimat: Mittel- und O-Europa, Kaukasus, Sibirien.
Wuchs: Aufrecht, horstbildend, rhizomartige Wurzel.
Blatt: Elliptisch, längsgestreift, Triebe 3- bis 5-blättrig.
Blüte: 1- bis 2-blütig, pantoffelförmig, rotbraun mit gelbem Schuh, V–VI.
Frucht: Längliche Kapsel, staubfeine Samen.
Standort: Kalkbuchenwälder, halbschattige Plätze in humosen Böden.
Lebensbereich: G,2,hs: Gehölz; frisch.
Verwendung: Für Natur- und Steingärten an bevorzugter Lage. 6 Pfl./m^2.
Vermehrung: Teilung im Frühling, Aussaat in Speziallabors.
Hinweise: Geschützte Wildpflanze. Nur Pflanzen gärtnerischer Herkunft dürfen gehandelt werden.

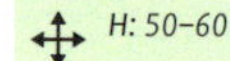 H: 50–60  V–VIII  I

Dactylorhiza maculata

Geflecktes Knabenkraut, Fingerwurz
Orchidaceae, Orchideengewächse

Heimat: Europa, Mittelmeergebiet.
Wuchs: Aufrecht, horstbildend. Knollen handförmig geteilt.
Blatt: Lanzettlich, grün, Blütenstiel mit Tragblättern.
Blüte: 3-teilig, in langer Ähre zusammenstehend, blassviolett bis weiß, V–VIII.
Frucht: Längliche Kapsel, staubfeine Samen.
Standort: Saure Böden in sonniger Lage, feuchte Moorwiesen.
Lebensbereich: Fr,2–3,so: Freifläche; frisch bis feucht; sonnig.
Verwendung: In humusreichen Natur- und Steingärten. 6 Pfl./m^2.
Vermehrung: Teilung bei alten Horsten im Frühling, Aussaat in Speziallabors.
Hinweise: Geschützte Wildpflanze. Handel nur mit Pflanzen gärtnerischer Herkunft erlaubt.

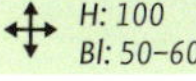 H: 100 Bl: 50–60  IV–V  I

Darmera peltata

Schildblatt
Saxifragaceae, Steinbrechgewächse

Heimat: USA.
Wuchs: Aufrecht, Verbreitung durch dicke Rhizome.
Blatt: Langstielig, schildförmig, 30–60 cm Durchmesser, im Herbst rot.
Blüte: In vielblumiger Trugdolde, rosa, vor den Blättern, IV–V. Vor Spätfrösten schützen.
Frucht: Zweispaltige Kapsel, viele feine Samen.
Standort: An Bachrändern oft ganze Flächen bedeckend, nährstoffreiche Böden.
Lebensbereich: WR,4–5,so-hs: Wasserrand; sumpfig bis flaches Wasser; sonnig-halbschattig. Auch für Freifläche.
Verwendung: An feuchten Teichrändern, einzeln oder in Gruppen. 1–3 Pfl./m^2.
Vermehrung: Teilung der Rhizome im Vorfrühling.

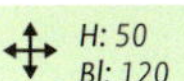 H: 50 Bl: 120  VI–VII  I

Delphinium Belladonna-Gruppe

Garten-Rittersporn
Ranunculaceae, Hahnenfußgewächse

Heimat: Züchtung.
Wuchs: Aufrecht, horstbildend.
Blatt: 3-zählig bis handförmig, tief eingeschnitten, frischgrün.
Blüte: Verzweigte Rispe; je nach Sorte hell- bis dunkelblau, VI–VII und IX.
Frucht: Balgfrucht.
Standort: Staudenbeete, Rabatten, sonnig.
Lebensbereich: B,2,so: Beet; frisch; sonnig.
Verwendung: Einzeln oder in kleinen Gruppen auf Beeten. 2 Pfl./m^2.
Vermehrung: Teilung des Wurzelstocks im Vorfrühling, Stecklinge im April, mit Wurzelansatz.
Sorten: 'Atlantis', 130 cm, violett mit weiß; 'Völkerfrieden', 100 cm, azurblau (Bild).
Hinweise: standfest.

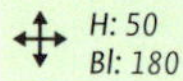
H: 50
Bl: 180

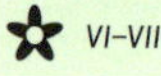
VI–VII

I

Delphinium Elatum-Gruppe

Garten-Rittersporn
Ranunculaceae, Hahnenfußgewächse

Heimat: Züchtung.
Wuchs: Aufrecht, horstbildend, Stängel beblättert, unverzweigt.
Blatt: 3-zählig bis handförmig, frischgrün.
Blüte: Hell- bis dunkelblau, violett, weiß.
Frucht: Balgfrucht.
Standort: Staudenbeete, Rabatten.
Lebensbereich: B,2,so: Beet; frisch; sonnig.
Verwendung: Einzeln oder in kleinen Gruppen auf Beeten. Schnittpflanze. 2 Pfl./m^2.
Vermehrung: Teilung des Wurzelstocks im Vorfrühling, Stecklinge mit Wurzelansatz, IV.
Sorten: 'Azurriese', 170 cm, azurblau; 'Berghimmel', 180 cm, hellblau (Bild); 'Sommernachtstraum', 130 cm, dunkelblau.
Hinweise: Mehltauanfällig.

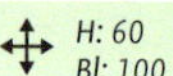
H: 60
Bl: 100

VI–VII

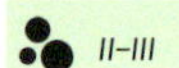
II–III

Deschampsia cespitosa

Rasen-Schmiele
Poaceae, Süßgräser

Heimat: Asien, Europa, N-Amerika.
Wuchs: Zierlich, horstig, überhängend.
Blatt: Schmal-linealisch, wintergrün, im Herbst gelblich.
Blüte: Zierliche Rispe, etagenförmig, VI–VII.
Frucht: Rispe; Karyopse.
Standort: Waldlichtungen und feuchte, kalkarme Plätze.
Lebensbereich: GR,2–3,so-abs: Gehölzrand; frisch bis feucht; sonnig bis halbschattig. Auch für Freiflächen.
Verwendung: Vor und zu Gehölzen, einzeln oder in Gruppen in niederen Wildstaudenpflanzungen. Trockensträuße. 2–6 Pfl./m^2.
Vermehrung: Teilung im Vorfrühling.
Sorten: 'Bronzeschleier', goldbraun; 'Tauträger', lockere Rispen.
Hinweise: Auf Rostpilze achten.

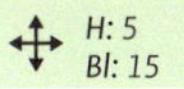
H: 5
Bl: 15

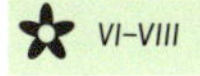
VI–VIII

II

Dianthus deltoides

Heide-Nelke
Caryophyllaceae, Nelkengewächse

Heimat: Asien, Europa.
Wuchs: Lockerrasig, kriechend, Blütenstiele aufrecht.
Blatt: Lanzettlich, gegenständig, bis 2 cm lang, mattgrün.
Blüte: Einfach, dunkelrosa, Stiele 1-blütig, VI–VIII.
Frucht: Kelchförmige Kapsel.
Standort: Magere, saure Heideflächen in voller Sonne.
Lebensbereich: H,1,so: Heide; trocken; sonnig. Auch für Gehölzrand
Verwendung: In kleinen Gruppen oder Flächen für saure Böden. Dachbegrünung. 11–25 Pfl./m^2.
Vermehrung: Aussaat im Frühling.
Sorten: 'Albus', weiß; 'Brillant', rot; 'Leuchtfunk', rot, braunlaubig.
Hinweise: Reich blühende Staude.

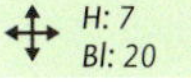
H: 7
Bl: 20

V–VI

II

Dianthus gratianopolitanus

Pfingst-Nelke
Caryophyllaceae, Nelkengewächse

Heimat: Europa, östlich bis zur Ukraine.
Wuchs: Polsterbildend.
Blatt: Lineal-lanzettlich, graugrün, immergrün.
Blüte: Einfach, 1-blütig, rosa, V–VI.
Frucht: Kelchförmige Kapsel.
Standort: Felsen und Felssteppen in sonniger Lage.
Lebensbereich: FS,1–2,so: Felssteppe; trocken bis frisch; sonnig. Auch Steinanlagen.
Verwendung: Auf und in Trockenmauern, Steingärten, in voller Sonne. Extensive Dachbegrünung. Duftpflanze. 11 Pfl./m^2.
Vermehrung: Teilung und Aussaat im Frühling.
Sorten: 'Blaureif', zartrosa, Polster stahlblau; 'Glut', glutrot.
Hinweise: Oft dichte Polster bildend.

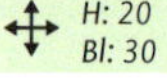
H: 20
Bl: 30

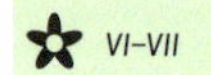
VI–VII

II

Dianthus plumarius

Feder-Nelke
Caryophyllaceae, Nelkengewächse

Heimat: Östliches Mitteleuropa.
Wuchs: Niederliegend bis aufrecht, dichtrasiges Polster.
Blatt: Linealisch-lanzettlich, bis 5 cm lang, blaugrün.
Blüte: Radiär einfach oder gefüllt, federig zerschlitzt, stark duftend, weiß, VI–VII.
Frucht: Kelchförmige Kapsel.
Standort: Durchlässige Gartenböden, alkalisch.
Lebensbereich: FS,2,so: Felssteppe, frisch; sonnig; Auch für Steinanlagen.
Verwendung: Einfassungen, Steingärten, Schnittpflanze. 8 Pfl./m^2.
Vermehrung: Teilung der Polster im Frühling.
Sorten: 'Heidi', dunkelrot, gefüllt (Bild); 'Maischnee', weiß gefüllt. Sorten in vielen Farben und Formen.

H: 5
Bl: 35

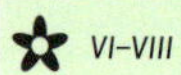
VI–VIII

II

Dicentra formosa

Kleines Tränendes Herz, Zwerg-Herzblume
Fumariaceae, Erdrauchgewächse

Heimat: Westliche USA.
Wuchs: Dichtbuschig, weit kriechende Rhizome.
Blatt: 3-teilig zusammengesetzt, hellgrün, unterseits bläulich.
Blüte: Herzförmig, violettrosa, VI–VIII.
Frucht: Unscheinbar.
Standort: Humus- und nährstoffreiche Böden im Halbschatten.
Lebensbereich: GR,2,so-hs: Gehölzrand; frisch; sonnig bis halbschattig. Auch Steinfugen und Steinanlagen.
Verwendung: Vor und unter säureliebenden Gehölzen. 11–25 Pfl./m^2.
Vermehrung: Teilung im Vorfrühling.
Sorten: 'Bountiful', rosarot; 'Langtrees', weiß; 'Luxuriant', rot.
Hinweise: Attraktiv in Verbindung mit Farnen.

H: 50 Bl: 80

IV–V

I

Dicentra spectabilis

Tränendes Herz, Herzblume
Fumariaceae, Erdrauchgewächse

Heimat: China, Korea, Mandschurei.
Wuchs: Horstig, bogig überhängend, fleischige, brüchige Wurzeln.
Blatt: Doppelt 3-teilig zusammengesetzt, graugrün.
Blüte: Herzförmig, an waagerechten Trauben, 3 cm groß, hellrosa, IV–V.
Frucht: Unscheinbar. Bildet keine Samen aus.
Standort: Humusreiche Böden im Halbschatten.
Lebensbereich: GR,2,so-hs,-b: Gehölzrand; frisch; sonnig bis halbschattig; beetstaudenähnlich. Auch für Beete.
Verwendung: Vor und unter säureliebenden Gehölzen. In Verbindung mit Farnen und Frühlingsstauden. 1–3 Pfl./m^2.
Vermehrung: Teilung im Vorfrühling.
Sorten: 'Alba', weiß.
Hinweise: Ganze Pflanze giftig, besonders die Wurzeln.

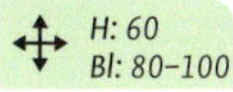
H: 60 Bl: 80–100

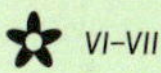
VI–VII

I

Dictamnus albus

Brennender Busch, Diptam
Rutaceae, Rautengewächse

Heimat: S- und Mitteleuropa, bis O-Asien
Wuchs: Dichtbuschig, horstig.
Blatt: Gefiedert, dunkelgrün.
Blüte: In endständigen Trauben, rosa, VI–VII.
Frucht: 5-teilige Kapsel; große, schwarze Samen werden bei Reife weit herausgeschleudert.
Standort: Felsige Hänge von Kalkbuchenwäldern, wärmeliebend.
Lebensbereich: SH,1,so: Steppenheide; trocken; sonnig. Gehölzrand und Felssteppe.
Verwendung: Einzeln oder in kleinen Gruppen in Wildstaudenpflanzungen. 3–4 Pfl./m^2.
Vermehrung: Aussaat sofort nach der Reife (Lichtkeimer).
Sorten: 'Albiflorus', weiß.
Besonderes: Pflanze enthält ätherische Öle, die entzündbar sind. Berührungen meiden (phototoxisch).
Hinweise: Geschützte Wildpflanze.

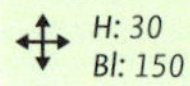
H: 30
Bl: 150

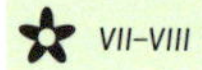
VII–VIII

I

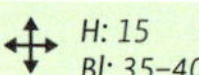
H: 15
Bl: 35–40

IV–V

II

Digitalis ferruginea

Rostiger Fingerhut
Scrophulariaceae, Braunwurzgewächse

Heimat: S-Europa bis Kleinasien.
Wuchs: Straff aufrecht, horstig.
Blatt: Lineal-lanzettlich, dunkelgrün, wintergrün.
Blüte: Gelbe, braun geaderte Rachenblüten in endständiger Traube, VII–VIII.
Frucht: Kapsel.
Standort: Durchlässige, warme Böden, schwach sauer bis neutral.
Lebensbereich: GR,1–2,so-hs: Gehölzrand; trocken bis frisch; sonnig bis halbschattig.
Verwendung: Sonnige Plätze in Wildstaudenpflanzungen vor und zu Gehölzen. 4–11 Pfl./m^2.
Vermehrung: Aussaat im Vorfrühling.
Sorten: 'Gigantea', großblumiger als die Art.
Weitere Arten: *Digitalis purpurea*, Roter Fingerhut, große rote Blüten (Bild); für saure Böden im Halbschatten. Heil- und Giftpflanze.

Doronicum orientale

Kaukasus-Gämswurz
Asteraceae, Asterngewächse

Heimat: SO-Europa bis zum Kaukasus.
Wuchs: Aufrecht, lockerhorstig.
Blatt: Herzförmig, am Rand gekerbt, hellgrün.
Blüte: Meist 1-blütiges Körbchen, leuchtend gelb, IV–V.
Frucht: Körbchen, Samen mit Pappus.
Standort: Durchlässige, humose Böden in sonnigen Lagen.
Lebensbereich: GR,2,so-hs: Gehölzrand; frisch; sonnig bis halbschattig.
Verwendung: In Wildstaudenpflanzungen und zum Schnitt. 11 Pfl./m^2.
Vermehrung: Teilung nach der Blüte.
Sorten: 'Magnificum', goldgelb; 'Riedels Goldkranz', goldgelb. Gefüllte Sorten bekannt, z. B. 'Gerhard', hellgelb.
Hinweise: Zu hohe Feuchtigkeit fördert Pilzbefall.

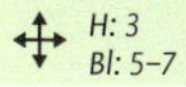
H: 3
Bl: 5–7

IV

II

Draba bruniifolia

Olymp-Hungerblümchen
Brassicaceae, Kohlgewächse

Heimat: Griechenland, Kleinasien.
Wuchs: Polster.
Blatt: Winzig und nadelartig, moosartige Rasen bildend, grün.
Blüte: Einzelblütchen in kurz gestielten Köpfchen, goldgelb, IV.
Frucht: Flaches Schötchen.
Standort: Geröllhänge und Felsspalten in sonniger Lage.
Lebensbereich: FS,1,so: Felssteppe; trocken; sonnig. Auch Steinfugen und Steinanlagen.
Verwendung: Durchlässige Böden in Steingärten und Felsspalten. Bienenweide. 25–50 Pfl./m^2.
Vermehrung: Aussaat im Winter, Vorfrühling. Teilung im Winter.
Hinweise: Beste Art für das Alpinum.

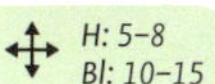
H: 5–8
Bl: 10–15

V–VI

II

Dryas octopetala

Weiße Silberwurz
Rosaceae, Rosengewächse

Heimat: Alpine und polare Gebiete Europas, Asiens, N-Amerikas.
Wuchs: Teppichbildner durch kriechende Sprosse.
Blatt: Oval, am Rand gekerbt, bis 4 cm lang, glänzend grün.
Blüte: Schalenförmig, meist mit 8 Kronblättern, weiß, V–VI.
Frucht: Samenschöpfe silbrig, Windverbreitung.
Standort: Pionierstaude kalkreicher, durchlässiger Geröllflächen, sonnig. Im Gebirge bis 2500 m ü.d.M vorkommend.
Lebensbereich: FS,2,so: Felssteppe; frisch; sonnig. Auch Matten, Mauerkronen, Alpinum.
Verwendung: Flächendecker für magere, humusarme Flächen, Dachbegrünung. 11–25 Pfl./m^2.
Vermehrung: Abtrennen bewurzelter Triebe, Aussaat nach der Samenreife.

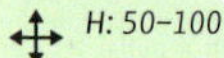

-

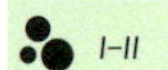

Dryopteris affinis

Goldschuppenfarn, Spreuschuppiger Wurmfarn
Dryopteridaceae, Wurmfarngewächse

Heimat: Europa, Türkei.
Wuchs: Aufrecht bis bogig, horstbildend.
Blatt: 2-fach gefiedert, im Austrieb goldgelb, wintergrün.
Standort: Lichte Bergwälder, humusreiche Plätze im Halbschatten.
Lebensbereich: G,2–3,hs: Gehölz; frisch bis feucht; halbschattig. Auch für Gehölzrand.
Verwendung: Im Schatten höherer Gehölze auf sauren, humosen Böden, in Einzelstellung zwischen Bodendeckern. 1–2 Pfl./m^2.
Vermehrung: Sporen keimen auf sterilem, feuchtem Torf.
Sorten: 'Cristata', Königs-Goldschuppenfarn, Fiederenden gegabelt.

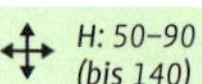

-

Dryopteris filix-mas

Gewöhnlicher Wurmfarn
Dryopteridaceae, Wurmfarngewächse

Heimat: Europa, Asien, Afrika, N-Amerika.
Wuchs: Aufrecht-bogig, horstig.
Blatt: 1-fach gefiedert, dunkelgrün, im Austrieb hellgrün, gelb im Herbst.
Standort: Lichte Laubwälder, humusreiche Plätze im Halbschatten.
Lebensbereich: G,2,so-hs: Gehölz; frisch; sonnig bis halbschattig. Auch Gehölzrand.
Verwendung: Im Schatten höherer Gehölze auf humosen Böden. 0,5–1 Pfl./m^2.
Vermehrung: Sporen keimen auf sterilem, feuchtem Torf.
Sorten: 'Crispa', Krauser Wurmfarn, Fiederenden kraus, 40–50 cm hoch.
Besonderes: Wurde früher wegen seiner Giftwirkung gegen Bandwürmer eingesetzt.

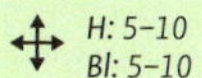
H: 5–10
Bl: 5–10

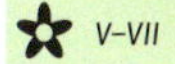
V–VII

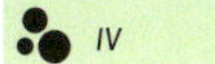
IV

Duchesnea indica

Indische Erdbeere, Scheinerdbeere
Rosaceae, Rosengewächse

Heimat: China, Indien, Japan.
Wuchs: Flach kriechend, lange Ausläufer bildend.
Blatt: 3-teilig, Blattrand gezähnt, dunkelgrün.
Blüte: 1-blütig, leuchtend gelb, 1,5–2 cm, V–VII.
Frucht: Rote Sammelfrucht, kugelig, geschmacklos.
Standort: Schattige Wälder und Berghänge, humoser Boden.
Lebensbereich: GR,2,so-hs: Gehölzrand; frisch; sonnig bis halbschattig.
Verwendung: Als Bodendecker für kleinere Flächen, Ampelpflanze. 11–25 Pfl./m^2.
Vermehrung: Abtrennen der bereits bewurzelten Ausläufer.
Hinweise: Winterschutz.

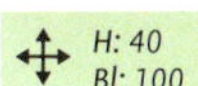
H: 40
Bl: 100

VII–IX

II

Echinacea purpurea

Roter Scheinsonnenhut
Asteraceae, Asterngewächse

Heimat: USA.
Wuchs: Straff aufrecht, horstig.
Blatt: Verkehrt-eiförmig, Blattrand gesägt, dunkelgrün.
Blüte: Blütenköpfe einzeln, Scheibe gewölbt, Strahlenblüte weinrot, VII–IX.
Frucht: Körbchen, Samen länglich.
Standort: Lichte Wälder und Prärien.
Lebensbereich: Fr,2,so: Freifläche; frisch; sonnig.
Verwendung: Einzeln oder in Gruppen auf sonnigen Rabatten. Schnittpflanze, Heilpflanze. 6–11 Pfl./m^2.
Vermehrung: Teilung im Frühling, Wurzelschnittlinge im Winter.
Sorten: ‘Alba’ (Bild), weiß, 70 cm; ‘Magnus’, rot, 100 cm; ‘The King’, karminrot, 80 cm, gute Schnittsorte.

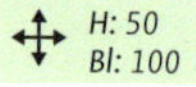
H: 50
Bl: 100

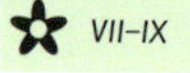
VII–IX

I

Echinops ritro

Ruthenische Kugeldistel
Asteraceae, Asterngewächse

Heimat: S- und O-Europa, Russland.
Wuchs: Aufrecht, steif, horstig.
Blatt: Doppelt fiederspaltig, bedornt, graugrün, unterseits graufilzig.
Blüte: Kugelige Blütenköpfe, 2–4 cm dick, stahlblau, VII–IX.
Frucht: Kugeliges Körbchen.
Standort: Magerste Böden in voller Sonne.
Lebensbereich: Fr, 1,so,-b: Freifläche; trocken; sonnig; beetstaudenähnlich.
Verwendung: In durchlässigen, steinigen Böden in voller Sonne. Schnittpflanze (Trockenschnitt). Trockenbinderei. 2–3 Pfl./m^2.
Vermehrung: Aussaat im Frühling, Wurzelschnittlinge im Winter, Teilung.
Sorten: 'Veitchs Blue', leuchtend violettblau, gut zum Schnitt.
Hinweise: Sehr anspruchslos.

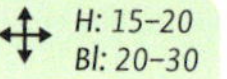
H: 15–20
Bl: 20–30

IV–V

II

Epimedium grandiflorum

Großblumige Elfenblume, Sockenblume
Berberidaceae, Sauerdorngewächse

Heimat: Japan, Mandschurei.
Wuchs: Buschig, lockerhorstig.
Blatt: Doppelt 3-teilig, Blättchen eiförmig, zugespitzt, 2 cm lang, Rand gezähnt, sommergrün, im Austrieb bronzefarben.
Blüte: In einfacher Traube, 2–4 cm groß, lang gespornt, weiß, IV–V.
Frucht: Wird selten gebildet.
Standort: Humoser, durchlässiger, schwach saurer Boden im Halbschatten.
Lebensbereich: G,2,hs: Gehölz; frisch; halbschattig. Auch für Gehölzrand.
Verwendung: Wichtiger Bodendecker unter Gehölzen. Reiche Blüte, dichter Wuchs. 11 Pfl./m^2.
Vermehrung: Teilung im Vorfrühling, Rhizomteilung ab Herbst.
Sorten: 'Lilafee', rotviolett (Bild); 'Rose Queen', dunkelrosa.

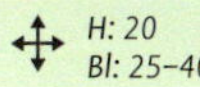
H: 20
Bl: 25–40

IV–V

III

Epimedium pinnatum subsp. colchicum

Schwarzmeer-Elfenblume
Berberidaceae, Sauerdorngewächse

Heimat: Transkaukasien, Georgien.
Wuchs: Buschig, lockerhorstig, ausläuferbildend.
Blatt: 3- bis 5-teilig, Blättchen herz-eiförmig, zugespitzt, 3–4 cm lang, Rand wenig gezähnt, wintergrün, erfrieren erst ab -10 ° C.
Blüte: In einfacher Traube, 1,5 cm groß, gespornt, gelb, IV–V.
Frucht: Wird selten gebildet.
Standort: Humoser, durchlässiger Boden.
Lebensbereich: G,2,hs: Gehölz; frisch; halbschattig. Auch für Gehölzrand.
Verwendung: Wichtiger Bodendecker unter Gehölzen, Grabstätten. 11 Pfl./m^2.
Vermehrung: Teilung im Vorfrühling, Rhizomteilung ab Herbst.

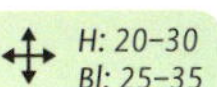
H: 20–30
Bl: 25–35

IV–V

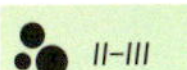
II–III

Epimedium × versicolor 'Sulphureum'

Gelbe Elfenblume
Berberidaceae, Sauerdorngewächse

Heimat: Züchtung.
Wuchs: Buschig, lockerhorstig, ausläuferbildend.
Blatt: Doppelt 3-teilig, Blättchen eiförmig, zugespitzt, 3 cm lang, Rand gezähnt, wintergrün, im Austrieb rotfarben.
Blüte: Einfache Traube, 2 cm groß, kurz gespornt, hellgelb, IV–V.
Frucht: Wird selten gebildet.
Standort: Humoser, durchlässiger Boden.
Lebensbereich: G,2,hs: Gehölz; frisch; halbschattig. Auch Gehölzrand.
Verwendung: Wichtiger Bodendecker unter Gehölzen. Reiche Blüte, dichter Wuchs. 11 Pfl./m^2.
Vermehrung: Teilung im Vorfrühling, Rhizomteilung ab Herbst.

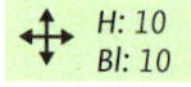

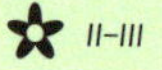

H: 10
Bl: 10

II–III

II

Eranthis hyemalis

Kleiner Winterling
Ranunculaceae, Hahnenfußgewächse

Heimat: S-Europa.
Wuchs: Knolliger Wurzelstock, Stängel mit rosettenförmiger Hochblatthülle. Zieht nach der Fruchtreife ein.
Blatt: Nach der Blüte erscheinende Grundblätter.
Blüte: Schalenförmig, 2–3 cm groß, viele Staubgefäße und Nektarien, intensiver Duft, goldgelb.
Frucht: Balgfrucht mit großen Samenkörnern.
Standort: Unter Bäumen, die sich erst später begrünen. Normalboden.
Lebensbereich: G,1–2,so-hs: Gehölz; trocken bis frisch; sonnig bis halbschattig. Auch Gehölzrand.
Verwendung: In größerer Anzahl unter Laubgehölzen. 25–100 Pfl./m^2.
Vermehrung: Aussaat nach der Reife, häufig Verbreitung durch Selbstaussaat.
Hinweise: Giftig.

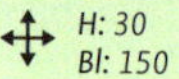

H: 30
Bl: 150

VI–VII

II

Eremurus Shelford Hybrids

Shelford's Steppenkerze
Asphodelaceae, Junkerliliengewächse

Heimat: Züchtung.
Wuchs: Horstig, Blütenstiel steif aufrecht, Wurzel seesternartig. Zieht nach der Blüte ein.
Blatt: Schmal-linealisch, graugrün.
Blüte: Sternförmige Einzelblüten an schmaler Blütenkerze, gelb-orange, VI–VII.
Frucht: Kugelig, 1 cm groß, kantige Samen.
Standort: Nährstoffreiche, durchlässige, gut dränierte Böden in voller Sonne.
Lebensbereich: FR,1,so,-b: Freifläche; trocken; sonnig; beetstaudenähnlich; auch Felssteppe.
Verwendung: Einzeln oder in kleinen Gruppen, Schnittpflanze. 4 Pfl./m^2.
Vermehrung: Aussaat sofort nach der Ernte.
Sorten: 'Feuerfackel', orange.
Hinweise: In 3–5 cm dicke Sandschicht legen.

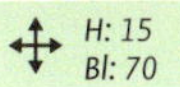
H: 15
Bl: 70

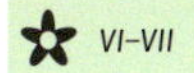
VI–VII

II

Erigeron-Cultivars

Feinstrahlastern
Asteraceae, Asterngewächse

Heimat: Züchtung.
Wuchs: Dichtbuschig, horstbildend.
Blatt: Lanzettlich, kahl, dunkelgrün, Blütenstiele beblättert.
Blüte: Köpfchen in lockeren Büscheln am Triebende, Scheibenblüten gelb, Zungenblüten weiß, rosa, rot oder blau, VI–VII.
Frucht: Körbchen, Samen mit Pappus.
Standort: Nährstoffreiche Gartenböden.
Lebensbereich: B,2,so: Beet; frisch; sonnig. Auch Freifläche.
Verwendung: In kleinen Gruppen auf Beeten und Rabatten. Schnittpflanze. 6–11 Pfl./m^2.
Vermehrung: Teilung im Frühling.
Sorten: 'Dunkelste Aller', dunkelviolett; 'Foersters Liebling', karminrosa (Bild); 'Sommerneuschnee', weiß.

H: 15
Bl: 70

VII–VIII

I–II

Eryngium alpinum

Alpen-Mannstreu, Alpen-Edeldistel
Apiaceae, Selleriegewächse

Heimat: Alpen, Jura, Jugoslawien.
Wuchs: Buschig, horstbildend.
Blatt: Grundblätter lang gestielt, herzförmig, spitz, Stängelblätter rundlich, an der Spitze gelappt, blaugrün.
Blüte: Köpfe zylindrisch, umgeben von tief geteilten, stahlblauen Hüllblättern, VII–VIII.
Frucht: Köpfchenförmig, mit vielen Samen, zur Reife bräunlich.
Standort: Bergwiesen der Kalkalpen, selten.
Lebensbereich: Fr,2,so: Freifläche; frisch; sonnig.
Verwendung: Einzeln oder in kleinen Gruppen in durchlässigen Böden. Schnittpflanze. 4 Pfl./m^2.
Vermehrung: Aussaat im Vorfrühling, Wurzelschnittlinge im Winter.
Sorten: 'Opal', silbrig-lila.
Hinweise: Vor Mäusen schützen. Geschützte Wildpflanze.

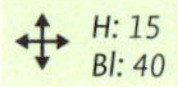
H: 15
Bl: 40

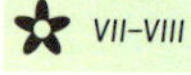
VII–VIII

I

Eryngium bourgatii

Pyrenäendistel, Spanische Edeldistel
Apiaceae, Selleriegewächse

Heimat: Mittelmeergebiete, Pyrenäen, Spanien.
Wuchs: Buschig, horstbildend.
Blatt: Stark zerteilt, weiß geadert, spitz, stängelumfassend, blaugrün.
Blüte: Köpfe zylindrisch, umgeben von tief geteilten, mattblauen Hüllblättern, VII–VIII.
Frucht: Köpfchenförmig, mit vielen Samen, zur Reife bräunlich.
Standort: Bergwiesen der Pyrenäen, nährstoffreiche Böden.
Lebensbereich: FS,1–2,so: Felssteppe; trocken bis frisch; sonnig.
Verwendung: Einzeln oder in kleinen Gruppen in Steingärten. Schnittpflanze. 4 Pfl./m^2.
Vermehrung: Aussaat im Vorfrühling, Wurzelschnittlinge im Winter.
Hinweise: Vor Mäusen schützen.

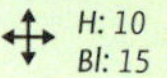
H: 10
Bl: 15

III–IV

II

Erythronium dens-canis

Europäischer Hundszahn
Liliaceae, Liliengewächse

Heimat: Mittel- und S-Europa, N-Asien.
Wuchs: Aufrecht, horstige Zwiebelpflanze. Zieht nach der Blüte ein.
Blatt: Oval, nur 2 Blätter je Zwiebel, blaugrün, violett gefleckt.
Blüte: Lilienartige Blüte, zartrosa, III–IV.
Frucht: Kapsel, hellbraun.
Standort: Humose Wiesenböden in Gehölznähe.
Lebensbereich: Gr,2,hs: Gehölzrand; frisch; halbschattig. Auch für Gehölz.
Verwendung: In kleinen Gruppen unter Vorfrühlingsblühern. 25 Pfl./m^2.
Vermehrung: Aussaat nach der Samenreife und durch Brutzwiebelchen im Sommer.
Sorten: 'Niveum', weiß.
Weitere Arten: *E. tuolumnense* aus Kalifornien blüht gelb, für feuchte Humusböden.
Hinweise: Die Zwiebeln dürfen nie austrocknen.

H: 20
Bl: 20

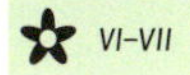

Euphorbia myrsinites

Walzen-Wolfsmilch
Euphorbiaceae, Wolfsmilchgewächse

Heimat: Mittelmeergebiete, SO-Europa.
Wuchs: Niederliegend, horstig.
Blatt: Bereift, fleischig, verkehrt-eiförmig, zugespitzt, blaugrün.
Blüte: Kopfiger Blütenstand am Triebende, Hochblätter gelbgrün, VI–VII.
Frucht: Kugelig, glatt.
Standort: Trockene und sonnige Hänge, auch im Kalkgeröll.
Lebensbereich: FS,1–2,so: Felssteppe; trocken bis frisch; sonnig. Auch Mauerkronen, Steinfugen, Steinanlagen.
Verwendung: Einzeln oder in Gruppen auf warmen, durchlässigen Böden im Steingarten, für extensive Dachbegrünung. 4–6 Pfl./m^2.
Vermehrung: Aussaat im Frühling, oft Selbstaussaat.
Hinweise: Giftige Pflanze.

H: 20
Bl: 40

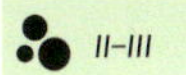

Festuca gautieri

Bärenfell-Schwingel
Poaceae, Süßgräser

Heimat: Pyrenäen.
Wuchs: Polsterartig, breithorstiges Gras, nach Jahren auch flächig.
Blatt: Fein, haarförmig, mattgrün, wintergrün.
Blüte: Rispe, gelblich, VII–VIII.
Frucht: Rispe, Karyopse; Samen länglich.
Standort: Geröllhänge, an mageren Stellen, in Sonne und Halbschatten.
Lebensbereich: FS,1–2,so-abs: Felssteppe; trocken bis frisch; sonnig bis absonnig. Auch für Steinfugen und Steinanlagen.
Verwendung: In kleineren Gruppen in Felssteppenpflanzungen. Als Bodendecker nicht optimal, wird von innen her braun. Für Grabstätten geeignet. 6–11 Pfl./m^2.
Vermehrung: Teilung, Aussaat im Frühling.
Sorten: 'Pic Carlit', gedrungener als die Art.

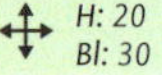
H: 20
Bl: 30

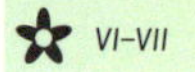
VI–VII

II

Festuca glauca

Blau-Schwingel
Poaceae, Süßgräser

Heimat: Mitteleuropa, N-Italien, SO-Frankreich.
Wuchs: Polsterbildendes, horstiges Gras.
Blatt: Dünn, eingerollt, steif aufrecht, matt grau-blau, wintergrün.
Blüte: Rispe, gelbbraun, VI–VII.
Frucht: Rispe, Karyopse, Samen länglich.
Standort: An mageren Stellen, sonnig und trocken.
Lebensbereich: SH,1,so: Steppenheide; trocken; sonnig. Auch Freifläche.
Verwendung: In kleineren Gruppen in Steingärten, für Heidepartien, Gräber, Dachgärten. Extensive Dachbegrünung. 6–11 Pfl./m^2.
Vermehrung: Teilung, Aussaat im Frühling.
Sorten: 'Blauglut'; 'Frühlingsblau'; 'Elijah Blue', besonders blausilbrig.

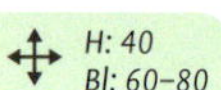
H: 40
Bl: 60–80

VI–VIII

II

Filipendula ulmaria

Echtes Mädesüß
Rosaceae, Rosengewächse

Heimat: Europa, Kleinasien, N-Sibirien.
Wuchs: Aufrecht, locker.
Blatt: Gefiedert, Stängel beblättert.
Blüte: An Doldenrispen über dem Laub, klein, weißgelb, VI–VIII.
Frucht: Sammelfrucht, klein, braun.
Standort: Bach- und Teichränder, sonnig, aber feucht.
Lebensbereich: Fr,3,so: Freifläche; feucht; sonnig. Auch am Wasserrand.
Verwendung: An wassernahen Standorten großer Gärten, für naturnahe Pflanzungen, zum Verwildern. Heilpflanze. 4–6 Pfl./m^2.
Vermehrung: Teilung im Frühling.
Sorten: 'Aurea', gelbgeflecktes Laub.

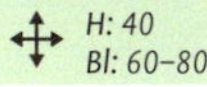
H: 40
Bl: 60–80

IV

I

Fritillaria imperialis

Kaiserkrone
Liliaceae, Liliengewächse

Heimat: Afghanistan, Iran, Himalaja.
Wuchs: Aufrecht, horstige Zwiebelpflanze. Zieht nach der Samenreife ein.
Blatt: Breit-lanzettlich, Stängel beblättert, oben mit einem Blattschopf, hellgrün.
Blüte: 5–8 Stück, glockenförmig, nickend, 6 cm lang, orange, rot oder gelb, IV.
Frucht: Aufrechte Kapseln mit flachen Samen.
Standort: Nährstoffreiche, durchlässige Böden in Sonne und Halbschatten.
Lebensbereich: B,2,so: Beet; frisch; sonnig. Auch für Freifläche.
Verwendung: In Gruppen in tiefgründigem Boden. 6 Pfl./m^2.
Vermehrung: Aussaat gleich nach der Ernte oder im Winter. Gefäße mit Schnee bedecken.
Sorten: 'Aurora', orange; 'Lutea Maxima', gelb (Bild); 'Rubra Maxima', rot.

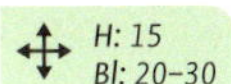
H: 15
Bl: 20–30

IV–V

II

Fritillaria meleagris

Kiebitzei, Schachblume
Liliaceae, Liliengewächse

Heimat: Europa, Kaukasus.
Wuchs: Aufrecht, horstige Zwiebelpflanze. Zieht nach Samenreife ein.
Blatt: Lineal-lanzettlich, graugrün.
Blüte: 1–2 hängende, große Glockenblüten, violett-braun, weiß, IV–V.
Frucht: Kapsel 3-fächerig.
Standort: Feuchte Wiesen in voller Sonne.
Lebensbereich: FR,2–3,so-abs: Freifläche; frisch bis feucht; sonnig bis absonnig. Auch für Wasserrand, Gehölzrand.
Verwendung: In Gruppen in humosen, durchlässigen Böden. 11 Pfl./m^2.
Vermehrung: Aussaat nach der Samenreife.
Sorten: 'Aphrodite', reinweiß; 'Orion', matt rotviolett; 'Purple King', rotviolett.
Besonderes: Zwiebeln sind weichhäutig, dürfen nicht austrocknen. Geschützte Wildpflanze.
Hinweise: Geschützte Wildpflanze. Giftig.

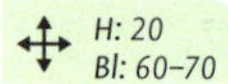
H: 20
Bl: 60–70

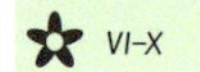
VI–X

II

Gaillardia × grandiflora

Großblumige Kokardenblume
Asteraceae, Asterngewächse

Heimat: Züchtung.
Wuchs: Dichtbuschig, horstbildend.
Blatt: Behaart, fiederspaltig, graugrün; lange, blattlose Stiele.
Blüte: Meist zweifarbige Blütenkörbchen, gelbe und rote Scheibenblüten, VI–X.
Frucht: Körbchen, Samen mit Pappus.
Standort: Sonnige Präriewiesen, nährstoffreiche Böden im Garten.
Lebensbereich: B,2,so: Beet; frisch; sonnig.
Verwendung: Reich blühende, aber kurzlebige Schnittpflanze, für sonnige Beete. 6 Pfl./m^2.
Vermehrung: Aussaat im Frühling.
Sorten: 'Burgunder', rot, 50 cm; 'Kobold', gelb mit rot, 30 cm (Bild).
Hinweise: Blütenknospen im Herbst entfernen, sonst drohen Ausfälle im Winter.

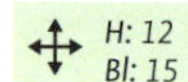
H: 12
Bl: 15

II–III

III

Galanthus nivalis

Kleines Schneeglöckchen
Amaryllidaceae, Amaryllisgewächse

Heimat: Europa bis S-Russland.
Wuchs: Aufrecht, bogig überhängend, horstbildende Zwiebelpflanze.
Blatt: Lineal-lanzettlich, graugrün.
Blüte: Mit 3 äußeren, bis 2,5 cm breiten Blütenblättern, weiß. Die 3 inneren Blütenblätter sind kürzer und grün gerandet, II–III.
Frucht: Grüne, später braune Beere.
Standort: Humoser Boden.
Lebensbereich: G,2,hs: Gehölz; frisch; halbschattig. Auch Freifläche.
Verwendung: Für Vorfrühlingsbeete, vor Laubgehölzen. 25 Pfl./m^2.
Vermehrung: Brutzwiebeln im Sommer. Aussaat im Mai.
Sorten: 'Atkinsii', großblumig; 'Samuel Arnott', riesige Blüten, 30 cm hoch.
Hinweise: Geschützte Wildpflanze. Giftig.

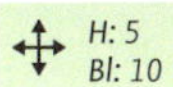
H: 5
Bl: 10

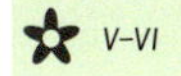
V–VI

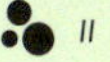
II

Gentiana acaulis

Stängelloser Silikat-Enzian
Gentianaceae, Enziangewächse

Heimat: Alpen und Karpaten, auch weiter südlich bis Mittelitalien.
Wuchs: Mattenbildend, rosettig, ausläufertreibend.
Blatt: Lanzettlich, gegenständig, wintergrün.
Blüte: Trichterblüte, 5–7 cm lang, innen grünfleckig, violettblau, Kelchzähne rundlich, V–VI.
Frucht: Längliche Kapsel, viele gelbe Samen.
Standort: Bergwiesen auf kalkfreien, durchlässigen Böden in voller Sonne.
Lebensbereich: M,2,so-hs: Matten; frisch; sonnig bis halbschattig. Steinanlagen.
Verwendung: In kleinen Gruppen in Steingärten. Oft im Herbst nachblühend. 11–25 Pfl./m^2.
Vermehrung: Teilung im Frühling, Aussaat im Winter (Kältereiz).
Sorten: 'Alba', weiß.
Hinweise: Geschützte Wildpflanze.

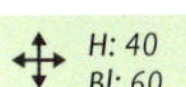
H: 40
Bl: 60

VII–IX

I

Gentiana asclepiacea

Schwalbenwurz-Enzian
Gentianaceae, Enziangewächse

Heimat: Mitteleuropa, Kaukasus, Vorderasien.
Wuchs: Überhängend, ausladend, horstig.
Blatt: Verkehrt-eiförmig, gegenständig angeordnet, Stiele beblättert.
Blüte: Glockig, in den oberen Blattachseln sitzend, blau oder weiß, VII–IX.
Frucht: Kapsel.
Standort: Schattige, feuchte Berghänge, humose Böden.
Lebensbereich: GR,2,hs: Gehölzrand; frisch; halbschattig. Auch für Freiflächen.
Verwendung: Einzeln zu größeren Steinen und Sträuchern im Halbschatten. Der überhängende Wuchs sollte zur Geltung kommen. 6 Pfl./m^2.
Vermehrung: Teilung, Aussaat im Vorfrühling. Nur mit Topfballen verpflanzen.
Sorten: 'Alba', weiß.

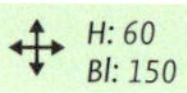

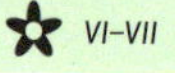

Gentiana lutea

Gelber Enzian
Gentianaceae, Enziangewächse

Heimat: Mittel- und Südeuropa.
Wuchs: Aufrecht, horstbildend, dicke, tiefgehende Wurzeln.
Blatt: Gegenständig, breit-elliptisch, blaugrün.
Blüte: Sternblüten in mehreren Etagen, gelb, VI–VII.
Frucht: Kapsel.
Standort: Nährstoffreiche Wiesen der Alpen und Pyrenäen, sonnig.
Lebensbereich: Fr,2,so: Freifläche; frisch; sonnig. Auch Matten.
Verwendung: Einzeln in größeren Anlagen. Heilpflanze. 6 Pfl./m^2.
Vermehrung: Aussaat im Vorfrühling.
Besonderes: Aus den Wurzeln werden die Bitterstoffe für den Enzianschnaps gewonnen.

II

Gentiana septemfida var. lagodechiana

Kaukasus-Enzian, Sommer-Enzian
Gentianaceae, Enziangewächse

Heimat: O-Kaukasus.
Wuchs: Niederliegend, horstbildend.
Blatt: Gegenständig, oval, dunkelgrün.
Blüte: Trichterblüten, schopfartig am Ende gehäuft, leuchtend blauviolett, VII–IX.
Frucht: Kapsel.
Standort: Durchlässige, kalkreiche Böden in sonnigen Lagen.
Lebensbereich: FS,2,so: Felssteppe; frisch; sonnig. Auch Matten und Steinanlagen.
Verwendung: Einzeln oder in kleinen Gruppen im Stein- und Naturgarten, auch auf Grabstätten. 6–11 Pfl./m^2.
Vermehrung: Aussaat im Vorfrühling.
Hinweise: Reich blühende Art.

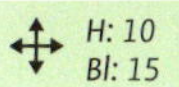
H: 10
Bl: 15

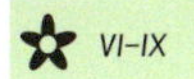
VI–IX

II

Geranium cinereum 'Ballerina'

Grauer Storchschnabel
Geraniaceae, Storchschnabelgewächse

Heimat: Züchtung. Die Art stammt aus den Pyrenäen.
Wuchs: Niederliegend bis aufrecht, horstig.
Blatt: Rund, stark gelappt, graugrün.
Blüte: Schalenförmig, silbrig lilarosa mit dunkler Zeichnung, VI–IX.
Frucht: Der Storchschnabel läuft gerade und spitz zu, Teilfrüchte an der Basis.
Standort: Durchlässige Böden in trockenen Lagen, sonnig.
Lebensbereich: FS,1–2,so: Felssteppe; trocken bis frisch; sonnig. Auch für Steinanlagen.
Verwendung: In kleinen Gruppen im Steingarten. 11–25 Pfl./m^2.
Vermehrung: Teilung, Wurzelschnittlinge und ausgereifte Triebstecklinge.

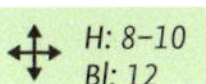
H: 8–10
Bl: 12

VI–VII

II

Geranium dalmaticum

Dalmatiner Storchschnabel
Geraniaceae, Storchschnabelgewächse

Heimat: Dalmatien bis Albanien.
Wuchs: Matten bildend, treibt kurze Ausläufer.
Blatt: Rundlich gelappt, 4 cm breit, grün, im Herbst orange-gelb, wintergrün.
Blüte: Zartrosa, 1- bis 2-blütig, 13 mm breit, VI–VII.
Frucht: Aufrecht, Storchschnabel mit Teilfrüchten an der Basis.
Standort: Trockene und sonnige Plätze. Auch kalkreiche Böden.
Lebensbereich: SF,1–2,so: Steinfugen; trocken bis frisch; sonnig. Dazu: M,FS,MK.
Verwendung: Ideale Pflanze für Steingärten und Trockenmauern, Gräber, Tröge. 25 Pfl./m^2.
Vermehrung: Teilung im Frühling.
Sorten: 'Album', weiß; 'Bressingham Pink', sattrosa.
Hinweise: Verträgt Trockenheit.

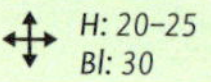
H: 20–25
Bl: 30

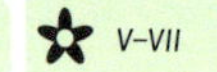
V–VII

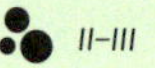
II–III

Geranium macrorrhizum

Felsen-Storchschnabel
Geraniaceae, Storchschnabelgewächse

Heimat: SO-Alpen, Balkan, Karpaten, Apennin.
Wuchs: Bildet Matten, treibt Rhizome.
Blatt: Rundlich gelappt, 8 cm breit, drüsenhaarig, grün, im Herbst rotgelb.
Blüte: Mehrblütig, lange Staubgefäße, weiß bis rot, V–VII.
Frucht: Aufrecht, lang und schnabelartig.
Standort: Trockene und sonnige Plätze, sogar Rohböden, auch auf kalkreichen Böden.
Lebensbereich: GR,1–2,so-hs: Gehölzrand; trocken bis frisch; sonnig bis halbschattig. Auch für Freiflächen.
Verwendung: Für größere Flächen, verdrängt Unkräuter. 11 Pfl./m^2.
Vermehrung: Teilung im Frühling.
Sorten: 'Spessart', weiß mit rosa Kelch. Rote Auslesen: 'Czakor' (Bild); 'Velebit'.

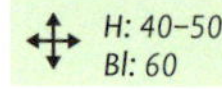
H: 40–50
Bl: 60

VI–VII

II

Geranium × magnificum

Pracht-Storchschnabel
Geraniaceae, Storchschnabelgewächse

Heimat: Züchtung (*G. ibericum* × *G. platypetalum*).
Wuchs: Dichtbuschig, horstig.
Blatt: Rundlich gelappt, weich behaart, grün, im Herbst orange-gelb.
Blüte: In Doldentrauben, blauviolett, VI–VII.
Frucht: Schnabel mit Teilfrüchten, die oft nur teilweise entwickelt werden. Die Samen reifen nicht aus.
Standort: Trockene und sonnige Plätze, oft in Verbindung mit Steinen.
Lebensbereich: GR,2,so-hs: Gehölzrand; frisch; sonnig bis halbschattig. Auch Freiflächen.
Verwendung: In Staudenbeeten und Rabatten, herrlich zu Pfingstrosen. 4–11 Pfl./m^2.
Vermehrung: Teilung im Frühling.
Hinweise: Verträgt Trockenheit, Wärme sowie kalkreiche Böden.

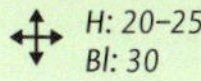
H: 20–25
Bl: 30

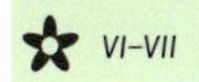
VI–VII

II

Geranium renardii

Kaukasus-Storchschnabel
Geraniaceae, Storchschnabelgewächse

Heimat: Kaukasus.
Wuchs: Kissenbildend, horstig.
Blatt: Nierenförmig gelappt, 4–5 cm breit, graugrün behaart.
Blüte: 1- bis 2-blütig, 25 mm breit, weiß, VI–VII.
Frucht: Aufrecht, an aufrechten Stielen, schnabelförmige Frucht mit Teilfrüchten.
Standort: Trockene und sonnige Plätze, oft in Verbindung mit Steinen. Auch kalkreiche Böden.
Lebensbereich: GR,1,so-hs: Gehölzrand; trocken; sonnig bis halbschattig. Auch auf Freiflächen und Felssteppen.
Verwendung: Vielseitig, aber immer trocken und sonnig. 11 Pfl./m^2.
Vermehrung: Teilung im Frühling. Oft Selbstaussaat.
Hinweise: Verträgt viel Trockenheit und Wärme.

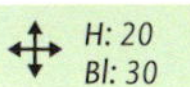
H: 20
Bl: 30

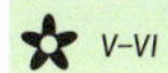
V–VI

II

Geum coccineum

Rote Nelkenwurz
Rosaceae, Rosengewächse

Heimat: Balkan, Kaukasus. Züchtungen.
Wuchs: Buschig, horstbildend.
Blatt: Gefiedert, die Endblättchen am größten, behaart.
Blüte: Schalenförmig, leuchtend orangerot je nach Sorte, V–VI.
Frucht: Schopfiger Fruchtstand.
Standort: Sonnige, nährstoffreiche Plätze auf Beeten und Rabatten.
Lebensbereich: FR,2,so-abs,-b: Freifläche; frisch; sonnig bis absonnig; beetstaudenähnlich. Auch Gehölzrand.
Verwendung: Für Beete und Wildstaudenpflanzungen. 11–25 Pfl./m^2.
Vermehrung: Teilung im Frühling.
Sorten: 'Feuermeer', orangerot (Bild).
Weitere Arten: *G.* × *heldreichii* 'Georgenberg', orangegelb.

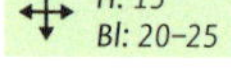
H: 15
Bl: 20–25

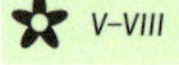
V–VIII

I

Gypsophila repens 'Rosea'

Teppich-Schleierkraut, Kriechendes Gipskraut
Caryophyllaceae, Nelkengewächse

Heimat: Züchtung. Die Art stammt aus den Kalkalpen und Pyrenäen.
Wuchs: Niederliegend, horstbildend, rübenförmige Wurzeln.
Blatt: Lineal-lanzettlich, blaugrün.
Blüte: Klein, zartrosa, in Mengen, V–VIII.
Frucht: Klein, unscheinbar.
Standort: Trockene durchlässige Kalkböden in voller Sonne.
Lebensbereich: FS,1–2,so: Felssteppe; trocken bis frisch; sonnig. Auch Steinfugen, Mauerkronen.
Verwendung: In und auf Mauern sowie sonnige Pflanzungen im Steingarten, Pflanze verträgt keine Staunässe. 11–25 Pfl./m^2.
Vermehrung: Aussaat, Sorten durch Stecklinge.
Sorten: 'Rosenschleier', hellrosa gefüllt, 30 cm.

H: 20
Bl: 60–150

VII–IX

I

Helenium-Cultivars

Sonnenbraut
Asteraceae, Asterngewächse

Heimat: Züchtung. Arten stammen aus den USA.
Wuchs: Aufrecht, horstig.
Blatt: Lanzettlich, leicht gezähnt, wechselständig.
Blüte: Körbchenblüte in endständigen Doldentrauben, rot, gelb, braun, VII–IX.
Frucht: Körbchen, Samen mit Pappus.
Standort: Nährstoffreiche Plätze in voller Sonne.
Lebensbereich: B,2,so: Beet; frisch; sonnig. Auch für Freiflächen.
Verwendung: Für Staudenbeete und Rabatten. Schnittpflanze. 1–3 Pfl./m^2.
Vermehrung: Teilung im Vorfrühling.
Sorten: 'Kupfersprudel', kupferbraun, 110 cm, mittelfrüh (Bild); 'Waltraud', goldbraun, 90 cm, früh; 'Moerheim Beauty', rotbraun, 80 cm.
Hinweise: Ab Frühsommer kräftig wässern und düngen.

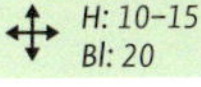 H: 10–15 Bl: 20

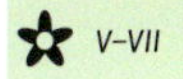 V–VII

 II

Helianthemum-Cultivars

Sonnenröschen
Cistaceae, Zistrosengewächse

Heimat: Züchtung.
Wuchs: Aufrecht bis überliegend, horstig, zwergstrauchartig.
Blatt: Eiförmig, gegenständig, 2–3 cm lang, grau-grün, immergrün.
Blüte: Mit 5 Kronblättern, in traubenartigen Wickeln, gelb, weiß, braun, rot - je nach Sorte, Einzelblüte kurzlebig, in Mengen erscheinend.
Frucht: Klein, nickend.
Standort: Durchlässige Böden in voller Sonne.
Lebensbereich: FS,1–2,so: Felssteppe; trocken bis frisch; sonnig. Auch Mauerkronen und Steinfugen.
Verwendung: Für Steingärten, auf Mauern, ähnliche Standorte. 11–25 Pfl./m^2.
Vermehrung: Sommerstecklinge.
Sorten: 'Frau M. Bachthaler', weiß; 'Mandarin', orange (Bild).
Hinweise: Reich blühender Zwergstrauch.

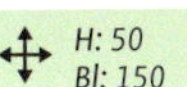 H: 50 Bl: 150

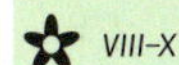 VIII–X

 I

Helianthus decapetalus

Stauden-Sonnenblume
Asteraceae, Asterngewächse

Heimat: N-Amerika.
Wuchs: Dichtbuschig, dicke Rhizome.
Blatt: Eiförmig zugespitzt, lang gestielt, unterseits rau, Rand gezähnt.
Blüte: Körbchen in Doldentrauben, 12–14 Strahlenblüten, hellgelb, VIII–X.
Frucht: Körbchen, Samen mit Pappus.
Standort: Nährstoffreiche Böden in voller Sonne.
Lebensbereich: Fr,1–2,so: Freifläche; trocken bis frisch; sonnig.
Verwendung: Einzeln oder in kleinen Gruppen in größeren Gärten und Parks. Schnittpflanze. 1–2 Pfl./m^2.
Vermehrung: Teilung im Frühling.
Sorten: 'Capenoch Star', 180 cm, zitronengelb (Bild); 'Meteor', gelb, 150 cm.
Hinweise: Des Öfteren teilen.

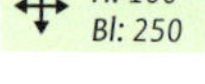
H: 100
Bl: 250

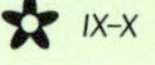
IX–X

I

Helianthus salicifolius

Weidenblättrige Sonnenblume
Asteraceae, Asterngewächse

Heimat: USA.
Wuchs: Aufrecht, locker bis bogig überhängend, ausläuferbildend.
Blatt: Lineal-lanzettlich, Stängel dicht beblättert, hellgrün.
Blüte: Körbchen, locker verzweigter Blütenstand, leuchtend gelb, IX–X.
Frucht: Körbchen.
Standort: Durchlässige, kalkreiche Böden in voller Sonne.
Lebensbereich: Fr,3,so, -b: Freifläche; feucht; sonnig; beetstaudenähnlich. Auch für Beet.
Verwendung: Einzeln, am schönsten an Wasserflächen. Verträgt aber auch sehr gut Trockenheit, ist dann sogar standfester! 1 Pfl./m^2.
Vermehrung: Teilung im Frühling.

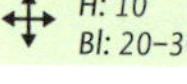
H: 10
Bl: 20–30

VI–VII

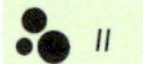
II

Helichrysum thianschanicum

Turkestan-Strohblume
Asteraceae, Asterngewächse

Heimat: Turkestan.
Wuchs: Lockerrasig, liegend bis aufrecht, lockerhorstig.
Blatt: Weißwollig behaart, lanzettlich, nach „Maggi" duftend.
Blüte: In dichten Dodentrauben, leuchtend gelb.
Frucht: Körbchen.
Standort: Durchlässig, nährstoffarme Böden.
Lebensbereich: FS,1,so: Felssteppe; trocken; sonnig. Auch für Freifläche.
Verwendung: Gut in Verbindung mit Steinen, auf Mauern, kalkarme Böden. Für Beeteinfassungen. Trockenbinderei. 11–25 Pfl./m^2.
Vermehrung: Teilung im Vorfrühling.
Sorten: 'Schwefellicht', 25 cm, dichter (Bild).
Hinweise: Leidet bei Nässe, Bodenverdichtung.

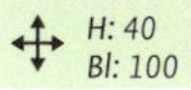
H: 40
Bl: 100

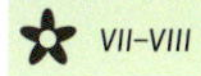
VII–VIII

I

Helictotrichon sempervirens

Blaustrahl-Wiesenhafer
Poaceae, Süßgräser

Heimat: SW-Alpen.
Wuchs: Aufrecht, bogig überhängend, horstbildend.
Blatt: Schmal, graublau.
Blüte: Rispe überhängend, blaugrün, VII–VIII.
Frucht: Rispe, Karyopse.
Standort: Durchlässige, magere, oft kalkarme Plätze in voller Sonne.
Lebensbereich: Fr,1,so: Freifläche; trocken; sonnig. Auch Steppenheide und Felssteppe.
Verwendung: Einzeln oder in kleinen Gruppen, auch zum Schnitt, Dachbegrünung. 2–3 Pfl./m^2.
Vermehrung: Teilung im Vorfrühling, Aussaat.
Sorten: 'Pendula', stärker hängend.
Hinweise: In nassen Sommern anfällig gegen Rostpilze.

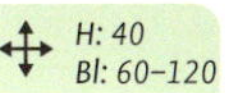
H: 40
Bl: 60–120

VII–IX

I

Heliopsis helianthoides var. scabra

Raues Sonnenauge
Asteraceae, Asterngewächse

Heimat: N-Amerika.
Wuchs: Aufrecht, horstig.
Blatt: Eiförmig zugespitzt, rau, gegenständig.
Blüte: Körbchen, lang gestielt, Blütenstand verzweigt, leuchtend gelb, VII–IX.
Frucht: Körbchen.
Standort: Nährstoffreiche, kalkreiche Böden.
Lebensbereich: B,2,so: Beet; frisch, sonnig. Auch Freifläche.
Verwendung: Lang blühende Beetstaude und wertvolle, lang haltbare Schnittpflanze. 2 Pfl./m^2.
Vermehrung: Teilung im Vorfrühling und Herbst.
Sorten: 'Benzinggold', gelb; 'Karat', wichtigste Schnittsorte; 'Sirius' (Bild); 'Spitzentänzerin', halbgefüllt.
Hinweise: Rückschnitt nach der Blüte.

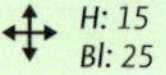
H: 15
Bl: 25

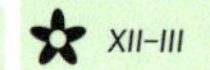
XII–III

II

Helleborus niger

Christrose
Ranunculaceae, Hahnenfußgewächse

Heimat: Alpen, Apenninen, Karpaten.
Wuchs: Dichtbuschig, kurze Rhizome bildend, langlebig.
Blatt: Handförmig geteilt, immergrün.
Blüte: Schalenförmig, großblumig, 1- bis 2-blütig, weiß, später rosa, XII–III.
Frucht: Balgfrucht mit braun-schwarzen Samen.
Standort: Im Halbschatten humoser, kalkhaltiger Böden.
Lebensbereich: GR,2,hs: Gehölzrand; frisch; halbschattig. Auch Steinanlagen.
Verwendung: In kleinen Trupps zu Gehölzen. Wichtige Schnittpflanze, Heil- und Giftpflanze. 6–11 Pfl./m^2.
Vermehrung: Teilung im Herbst oder nach der Blüte, Aussaat sofort nach der Ernte.
Sorten: 'Praecox', blüht ab XI (Bild); 'Van Keesen', Treibsorte.

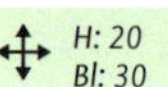
H: 20
Bl: 30

III–IV

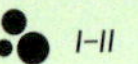
I–II

Helleborus-Cultivars

Christrose
Ranunculaceae, Hahnenfußgewächse

Heimat: Züchtung.
Wuchs: Dichtbuschig, aufrecht, langlebig.
Blatt: Handförmig geteilt, dunkelgrün, immergrün.
Blüte: Schalenförmig, großblumig, 1- bis 2-blütig, rosa bis schwarzrot, III–IV.
Frucht: Balgfrucht mit braun-schwarzen Samen.
Standort: Im Halbschatten humoser, kalkhaltiger Böden.
Lebensbereich: GR,2,so-hs: Gehölzrand; frisch; sonnig bis halbschattig. Auch für Gehölz.
Verwendung: In kleinen Trupps zu Gehölzen. Schnittpflanze. 2–4 Pfl./m^2.
Vermehrung: Teilung im Herbst oder nach der Blüte, Aussaat sofort nach der Ernte.
Sorten: 'Atrorubens', rot (Bild).
Hinweise: Auf Pilzbefall achten.

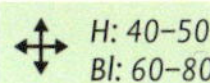
H: 40–50
Bl: 60–80

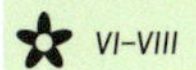
VI–VIII

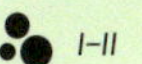
I–II

Hemerocallis-Cultivars

Garten-Taglilie
Hemerocallidaceae, Tagliliengewächse

Heimat: Züchtung.
Wuchs: Horstig, Wurzelstock fleischig.
Blatt: Linealisch, schmal.
Blüte: In gabelästig verzweigten Schäften, lilienartig, trichter-, trompeten- oder schalenförmig, klein oder groß, in allen möglichen Farben je nach Sorte. Einzelblüte hält nur einen Tag. Auch 2- oder 3-farbig! VI–VIII (-IX).
Frucht: 3-teilige Kapsel.
Standort: Vollsonnige, nährstoffreiche Böden.
Lebensbereich: B,2,so: Beet; frisch; sonnig. Auch Freifläche.
Verwendung: (Schnitt) Beet. 2–4 Pfl./m^2.
Vermehrung: Teilung im Vorfrühling oder nach der Blüte. Aussaat im Frühling.
Sorten: 'Corky', gelb, kleinblumig, ab Mai; großblumige Sorten ab VI: 'Atlas', gelb; 'Bed of Roses', rosa; 'Crimson Glory', rot.

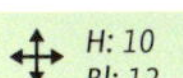
H: 10
Bl: 12

III–IV

II

Hepatica nobilis

Gewöhnliches Leberblümchen
Ranunculaceae, Hahnenfußgewächse

Heimat: Europa, O-Asien.
Wuchs: Buschig, horstig.
Blatt: 3-lappig, ganzrandig, meist wintergrün.
Blüte: Schalenförmig, 3 Kelchblätter, 2 cm breit, blau, weiß oder rosa, III–IV.
Frucht: Balgfrucht.
Standort: Im Kalkbuchenwald im Laubhumusboden.
Lebensbereich: G,2,hs: Gehölz; frisch; halbschattig. Auch Gehölzrand.
Verwendung: Einzeln oder in kleinen Gruppen im Vorfrühlingsgarten. 25 Pfl./m^2.
Vermehrung: Teilung im Vorfrühling, Aussaat im Winter (Kaltkeimer!).
Sorten: 'Plena', blau gefüllt; 'Rosea' (Bild); 'Rubra Plena', rot gefüllt.
Hinweise: Ganze Pflanze giftig.

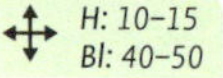
H: 10–15
Bl: 40–50

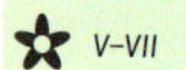
V–VII

II

Heuchera-Cultivars

Purpurglöckchen
Saxifragaceae, Steinbrechgewächse

Heimat: Züchtung. Arten aus Amerika.
Wuchs: Buschig, horstig, verdickte Erdstämme.
Blatt: Herzförmig gelappt, lang gestielt, grün oder rötlich, wintergrün.
Blüte: An fein verzweigten Rispen, glockenförmig, weiß, rosa, rot, V–VII.
Frucht: Kleine Kapsel.
Standort: Humose Böden im Halbschatten, nur gelegentlich austrocknend.
Lebensbereich: GR,2,hs: Gehölzrand; frisch; halbschattig. Freifläche und Steinanlagen.
Verwendung: Als Gruppenpflanze in Steingärten und vor Gehölzen. Schnittpflanze. 6–11 Pfl./m^2.
Vermehrung: Teilung im Vorfrühling.
Sorten: 'Red Spangles', scharlach; 'Scintillation', leuchtend rosa; 'Silberregen', weiß.
Hinweise: Auf Nematoden achten.

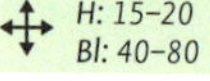
H: 15–20
Bl: 40–80

VI–VIII

II

Heuchera micrantha

Kleinblütiges Purpurglöckchen
Saxifragaceae, Steinbrechgewächse

Heimat: N-Amerika.
Wuchs: Buschig, horstig, verdickte Erdstämme.
Blatt: Herzförmig gelappt, langgestielt, graugrün, wintergrün.
Blüte: An fein verzweigten Rispen, glockenförmig, weiß-rosa, VI–VIII.
Frucht: Kleine Kapsel.
Standort: Humose Böden im Halbschatten, nur gelegentlich austrocknend.
Lebensbereich: GR,2,hs: Gehölzrand; frisch; halbschattig. Auch für Freifläche.
Verwendung: Als Gruppenpflanze vor Gehölzen. Schnittpflanze. 6–11 Pfl./m^2.
Vermehrung: Teilung im Vorfrühling.
Sorten: 'Palace Purple', bronzerotes Laub (Bild).
Hinweise: Auf Nematoden achten.

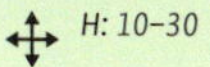
H: 10–30

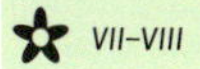
VII–VIII

I

Hippuris vulgaris

Tannenwedel
Plantaginaceae, Wegerichgewächse

Heimat: Europa, N-Amerika, N-Asien.
Wuchs: Unter Wasser Ausläufer bildend, aufrecht. Höhe: 10–30 cm über Wasser.
Blatt: Nadelähnlich, waagerecht abstehend, quirlständig, 1–2 cm lang, grün.
Blüte: Unscheinbar in den Blattachseln, rosa, VII–VIII.
Frucht: Unscheinbare Steinfrucht.
Standort: In kalkhaltigen, meist stehenden Gewässern in voller Sonne.
Lebensbereich: WR,5,so: Wasserrand; flaches Wasser; sonnig. Auch für Wasser.
Verwendung: Zur Sauerstoffversorgung von Teichen. In Kübel pflanzen, die Pflanze breitet sich sonst sehr stark aus! 2 Pfl./m^2.
Vermehrung: Teilung der Rhizome im Frühling.

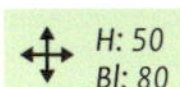
H: 50
Bl: 80

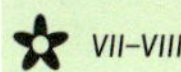
VII–VIII

I

Hosta 'Fortunei'

Graublatt-Funkie
Asparagaceae, Spargelgewächse

Heimat: Japan.
Wuchs: Horstbildend, halbkugelig.
Blatt: Herzförmig, lang gestielt, Blatt mit 8–10 Nervenpaaren, mattgrün bereift.
Blüte: Blütentrauben mit hellvioletten, lilienartigen Einzelblüten, VII–VIII.
Frucht: 3-teilige Kapseln, schwarze Samen.
Standort: Vor und unter Gehölzen in humosen, kalkarmen Böden.
Lebensbereich: GR,2,hs: Gehölzrand; frisch; halbschattig. Auch für Gehölz.
Verwendung: Einfassungen, Rabatten, unter Gehölzen aller Art. 2 Pfl./m^2.
Vermehrung: Teilung im Frühling.
Sorten: 'Stenantha', Schlankblütige Funkie, hellgrün, Blüten rötlichviolett (Bild).
Hinweise: Robust, aber durch Schnecken gefährdet. Hostas treiben spät aus.

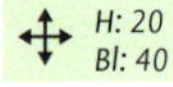
H: 20
Bl: 40

VIII–IX

II

Hosta lancifolia

Lanzenblatt-Funkie
Asparagaceae, Spargelgewächse

Heimat: Japan.
Wuchs: Horstig, zierlich.
Blatt: Lanzettlich, mit 4 Nervenpaaren, dunkelgrün, glänzend.
Blüte: Hängend, trichterförmig, in einseitswendigen Blütentrauben, lila, VIII–IX.
Frucht: 3-teilige Kapseln, schwarze Samen.
Standort: Humose Böden im Halbschatten.
Lebensbereich: GR,2,hs: Gehölzrand; frisch; halbschattig. Auch für Gehölz.
Verwendung: In Gruppen unter Gehölzen, Rabatten und Wegeinfassungen. 6–11 Pfl./m^2.
Vermehrung: Teilung im Frühling.
Hinweise: Durch Schnecken gefährdet. Hostas treiben spät aus, daher Vergesellschaftung mit Frühlingsgeophyten.

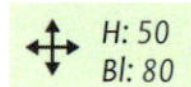
H: 50
Bl: 80

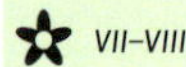
VII–VIII

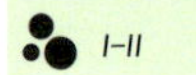
I–II

Hosta undulata

Wellblatt-Funkie
Asparagaceae, Spargelgewächse

Heimat: Japan.
Wuchs: Horstbildend, halbkugelig.
Blatt: Oval-lanzettlich, gewellt, lang gestielt, 5–9 cm breit, Blütenstiele beblättert.
Blüte: Blütentrauben mit hellvioletten, trichterförmigen Einzelblüten, VII–VIII.
Frucht: Bildet keine Früchte aus.
Standort: Vor und unter Gehölzen in humosen, kalkarmen Böden.
Lebensbereich: GR,2,hs: Gehölzrand; frisch; halbschattig. Auch für Gehölz.
Verwendung: Einfassungen, Rabatten, unter Gehölzen. 2–3 Pfl./m^2.
Vermehrung: Teilung im Frühling.
Sorten: 'Undulata Albomarginata', Weißrand-Wellblatt-Funkie, Laub grün mit weißem Rand (Bild). 'Undulata Univittata', Schneefeder-Funkie, Laub mit weißen Feldern, Blüten hellviolett.

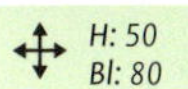
H: 50
Bl: 80

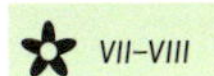
VII–VIII

I

Hosta-Cultivars

Funkien
Asparagaceae, Spargelgewächse

Heimat: Züchtungen.
Wuchs: Horstbildend, halbkugelig.
Blatt: Herzförmig, lang gestielt. Oft schöne gelbe Herbstfärbung.
Blüte: Blütentrauben mit hellvioletten, lilienartigen Einzelblüten, VII–VIII.
Frucht: Wird selten gebildet.
Standort: Vor und unter Gehölzen in humosen, kalkarmen Böden.
Lebensbereich: GR,2,hs: Gehölzrand; frisch; halbschattig. Auch Gehölz.
Verwendung: Für Einfassungen und Rabatten, unter Gehölzen aller Art. 2–3 Pfl./m^2.
Vermehrung: Teilung im Frühling.
Sorten: 'Krossa Regal', 90–160 cm hoch, blaugraues Laub, trichterbildend; 'Patriot', 70 cm, Laub breit, dunkelgrün mit weißem Rand (Bild).
Hinweise: Robust, durch Schnecken gefährdet.

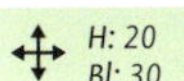
H: 20
Bl: 30

IV–V

II

Hyacinthoides hispanica

Spanisches Hasenglöckchen
Hyacinthaceae, Hyazinthengewächse

Heimat: SW-Europa: Spanien, Portugal.
Wuchs: Aufrecht, Laub überhängend, horstig, kugelige Zwiebel. Zieht nach der Blüte ein.
Blatt: Linelisch, glänzend, hellgrün.
Blüte: Nickende Glöckchen in pyramidalen Trauben, in Blau, Rosa, Weiß, IV–V.
Frucht: Rundliche Kapsel.
Standort: In lichten Laubwaldhainen, auch auf sauren Wiesen in voller Sonne.
Lebensbereich: Fr,2,so: Freifläche; frisch; sonnig.
Verwendung: Einzeln oder in Gruppen zu Frühlingsblühern, auch unter Bäumen. 100 Pfl./m^2.
Vermehrung: Brutzwiebeln, Teilung der Zwiebelhorste vom Sommer bis Herbst.
Sorten: 'Excelsior', dunkelblau; 'Rosabella', rosa; 'White Triumphator', weiß.

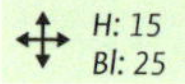

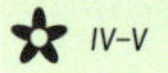

Hyacinthus orientalis

Hyazinthe
Hyacinthaceae, Hyazinthengewächse

Heimat: Östliches Mittelmeergebiet.
Wuchs: Aufrechter Blütenstand, Laub abstehend, Zwiebel breitkugelig, groß.
Blatt: Steif abstehend, fleischig, glänzend grün.
Blüte: Sternartige Röhrenblüten in dichter Traube in Weiß, Gelb, Rosa, Rot, Blau, IV- V, intensiver Duft.
Frucht: Bildet kaum Früchte aus.
Standort: Durchlässige Gartenböden, sonnig.
Lebensbereich: B,2,so: Beet, frisch; sonnig.
Verwendung: Meist als präparierte Zwiebel zur Topftreiberei. 16–25 Pfl./m^2.
Vermehrung: Brutzwiebeln, Bildung durch Kreuzschnitt am Zwiebelboden.
Sorten: 'Amethyst', blau; 'Carnegie', weiß; 'Jan Bos' rot.
Hinweise: Präparierte Zwiebeln blühen im Winter im Wasserglas.

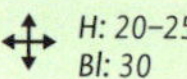

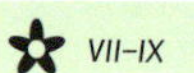

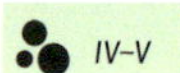

Hypericum calycinum

Großblütiges Johanniskraut
Hypericaceae, Johanniskrautgewächse

Heimat: O-Europa, S-Europa, Türkei.
Wuchs: Flach ausgebreitet, Triebe aufrecht, wuchert durch Bodentriebe, Halbstrauch.
Blatt: Oval, gegenständig angeordnet, blaugrün, immergrün.
Blüte: Schalenförmig, mit vielen Staubfäden, 7 cm groß, goldgelb, VII–IX.
Frucht: Grüne Kapsel, selten.
Standort: Sonnige Magerwiesen und vor Gehölzen.
Lebensbereich: GR,1–2,so-sch: Gehölzrand; trocken bis frisch; sonnig bis schattig.
Verwendung: In Gruppen oder großen Mengen als Flächenbegrüner. 8–11 Pfl./m^2.
Vermehrung: Teilung im Frühling, Stecklinge im Sommer.
Hinweise: Laub kann in strengen Wintern leiden.

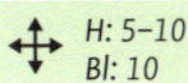
H: 5–10
Bl: 10

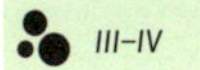
III–IV

Iberis saxatilis

Felsen-Schleifenblume
Brassicaceae, Kohlgewächse

Heimat: S-Europa.
Wuchs: Niederliegend, polsterbildend, horstig.
Blatt: Lineal, 2–3 cm lang, dunkelgrün, immergrün.
Blüte: In flachen, endständigen Trugdolden, weiß. Einzelblüte mit je 2 kurzen und 2 langen Blütenblättern, bildet somit eine Schleife, III–IV.
Frucht: Schötchen eiförmig.
Standort: Durchlässige Kalkmagerwiesen in sonniger Lage.
Lebensbereich: MK,1–2,so: Mauerkronen; trocken bis frisch; sonnig. Auch für Steinanlagen.
Verwendung: In Steingärten und auf Mauern, Troggärten, Gräber. 25 Pfl./m^2.
Vermehrung: Stecklinge im Sommer.
Sorten: 'Pygmaea', noch gedrungener.

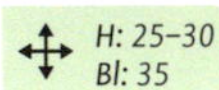
H: 25–30
Bl: 35

IV–V

I

Iberis sempervirens

Immergrüne Schleifenblume
Brassicaceae, Kohlgewächse

Heimat: S-Europa, Kleinasien, Kreta.
Wuchs: Niederliegend, horstig.
Blatt: Spatelig, 2–3 cm lang, dunkelgrün, immergrün.
Blüte: In flachen, endständigen Trugdolden, weiß. Einzelblüte mit je 2 kurzen und 2 langen Blütenblättern, bildet eine Schleife, IV–V.
Frucht: Schötchen eiförmig.
Standort: Durchlässige Kalkmagerwiesen in sonniger Lage.
Lebensbereich: MK,1–2,so: Mauerkronen; trocken bis frisch; sonnig. Auch Steinanlagen.
Verwendung: In Steingärten und auf Mauern, für Troggärten und Gräber. 11–25 Pfl./m^2.
Vermehrung: Stecklinge im Sommer.
Sorten: 'Nana', noch gedrungener; 'Schneeflocke', 25 cm.
Hinweise: Rückschnitt nach der Blüte.

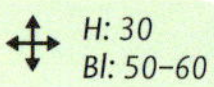

H: 30
Bl: 50–60

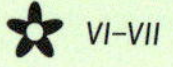

VI–VII

II

Incarvillea delavayi

Stängellose Freilandgloxinie
Bignoniaceae, Bignoniengewächse

Heimat: Yunnan.
Wuchs: Aufrecht, locker horstig. Rübenartiger Wurzelstock.
Blatt: Unpaarig gefiedert, Rand gezähnt, grün.
Blüte: Große Trichterblüte, 5-lappig, in 3- bis 12-blütiger Doldentraube, rosa, VI–VII.
Frucht: 2-klappige Kapsel mit großen Samen.
Standort: Durchlässige Böden in sonniger Lage.
Lebensbereich: Fr,1–2,so: Freifläche; trocken bis frisch; sonnig.
Verwendung: Einzeln in Rabatten oder Steingärten. 6–11 Pfl./m^2.
Vermehrung: Aussaat im Frühling.
Hinweise: Auf Nematoden achten. In strengen Wintern Schutz vor Nässe und Frost.

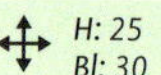

H: 25
Bl: 30

VII–VIII

II

Inula ensifolia

Schwertblättriger Alant, Zwerg-Alant
Asteraceae, Asterngewächse

Heimat: O-Europa bis Kaukasus.
Wuchs: Dichtbuschig, horstartig, aber mit kurzen Ausläufern.
Blatt: Lanzettlich, dunkelgrün.
Blüte: Gelbe Körbchenblüte, goldgelbe Zungenblüten, einzeln, VII–VIII.
Frucht: Körbchen, Samen mit Pappus.
Standort: Trockene Kalkmagerwiesen in voller Sonne.
Lebensbereich: SH,1,so: Steppenheide; trocken; sonnig. Auch Felssteppe und Freifläche.
Verwendung: Einzeln und in Gruppen in Steingärten und sonnigen Plätzen. Extensive Dachbegrünung. 11 Pfl./m^2.
Vermehrung: Teilung im Frühling.
Sorten: 'Compacta', nur 20 cm hoch (Bild).

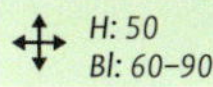
H: 50
Bl: 60–90

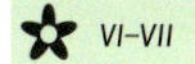
VI–VII

II

Iris ensata

Japanische Sumpf-Schwertlilie
Iridaceae, Schwertliliengewächse

Heimat: China, Japan, Korea.
Wuchs: Aufrecht, horstig.
Blatt: Lineal, ganzrandig, hellgrün.
Blüte: 3 breite Hängeblätter, 3 kurze oder breite Domblätter, rosa, weiß, blau, rot, VI–VII.
Frucht: 3-teilige, zugespitzte Kapsel.
Standort: Im Sommer im flachen Wasser in voller Sonne. Kalkfreier, im Winter auch trockener Standort.
Lebensbereich: Fr, 2–3,so: Freifläche; frisch bis feucht; sonnig.
Verwendung: Einzeln oder in Gruppen in besonderen Beeten oder Gefäßen, die man im Sommer anstauen kann (Folienverwendung). 11 Pfl./m^2.
Vermehrung: Teilung im Frühling.
Sorten: 'Amazone', rotviolett, mittelfrüh, reich blühend.

H: 50
Bl: 80

VI

I–II

Iris Barbata-Elatior-Gruppe

Hohe Schwertlilie
Iridaceae, Schwertliliengewächse

Heimat: Züchtungen.
Wuchs: Aufrecht, dicke Rhizome bildend, Stängel steif, verzweigt.
Blatt: Schwertförmig, ganzrandig, spitz, grün.
Blüte: Zu mehreren in scheidigen Hüllblättern, end- und achselständig. Blütenblätter in 2 Kreisen, je 3 Dom- und Hängeblätter, letztere mit Bart, 10–15 cm groß, VI.
Frucht: 3-klappige Kapsel.
Standort: Durchlässige Böden, kalkliebend.
Lebensbereich: B,1–2,so: Beet; trocken bis frisch; sonnig. Keine Winternässe.
Verwendung: Beete, Rabatten. 5–8 Pfl./m^2.
Vermehrung: Teilung der Rhizome nach der Blüte im Sommer, Aussaat.
Sorten: Jährlich neue Sorten; 'Goldfackel' (Bild).

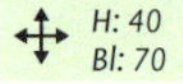 H: 40 Bl: 70  V–VI 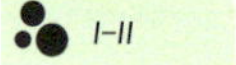 I–II

Iris Barbata-Media-Gruppe

Mittelhohe Schwertlilie
Iridaceae, Schwertliliengewächse

Heimat: Züchtungen.
Wuchs: Aufrecht, dicke Rhizome bildend, Stängel steif, verzweigt.
Blatt: Schwertförmig, ganzrandig, spitz, grün.
Blüte: Zu mehreren in scheidigen Hüllblättern, end- und achselständig. Blütenblätter in 2 Kreisen, je 3 Dom- und Hängeblätter, letztere mit Bart, 10–15 cm groß.
Frucht: 3-klappige Kapsel.
Standort: Durchlässige Böden, kalkliebend.
Lebensbereich: B,1–2,so: Beet; trocken bis frisch; sonnig. Keine Winternässe.
Verwendung: Beete, Rabatten. 5–11 Pfl./m^2.
Vermehrung: Teilung der Rhizome nach der Blüte im Sommer, Aussaat.
Sorten: Jährlich neue Sorten, `Harlow Gold´(Bild).

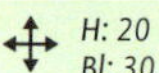 H: 20 Bl: 30  IV–V  II

Iris Barbata-Nana-Gruppe

Niedere Schwertlilie
Iridaceae, Schwertliliengewächse

Heimat: Züchtungen.
Wuchs: Aufrecht, dicke Rhizome bildend, Stängel steif, verzweigt.
Blatt: Schwertförmig, ganzrandig, grün, spitz.
Blüte: Zu mehreren in scheidigen Hüllblättern, end- und achselständig. Blütenblätter in 2 Kreisen, je 3 Dom- und Hängeblätter, letztere mit Bart, 10–15 cm groß.
Frucht: 3-klappige Kapsel.
Standort: Durchlässige Böden, kalkliebend.
Lebensbereich: FS,1,so: Felssteppe; trocken; sonnig. Steppenheide, Steinanlagen, Freifläche.
Verwendung: Als Einfassung für Rabatten, in kleinen Gruppen im Steingarten. Dachbegrünung. 11–25 Pfl./m^2.
Vermehrung: Teilung der Rhizome nach der Blüte im Sommer, Aussaat.
Sorten: Jährlich neue Sorten.

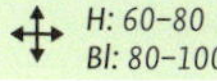
H: 60–80
Bl: 80–100

VI–VII

I

Iris pseudacorus

Sumpf-Schwertlilie
Iridaceae, Schwertliliengewächse

Heimat: Europa, Vorderasien bis Sibirien, N-Afrika.
Wuchs: Aufrecht, rhizombildend.
Blatt: Schwertförmig, spitz, hellgrün.
Blüte: Kleine Dom-, breite Hängeblätter, gelb.
Frucht: 3-fächrige Kapsel mit zahlreichen, braunen Samen.
Standort: Am Rand von Bächen und Teichen in ganz Europa, auch im Sumpf.
Lebensbereich: WR,5,so-hs: Wasserrand, flaches Wasser; sonnig bis halbschattig. Freiflächen.
Verwendung: Am Rand von Naturteichen und großen Wasserbecken. Heilpflanze. 2–4 Pfl./m^2.
Vermehrung: Teilung der Rhizome im Frühling, Aussaat.
Sorten: 'Beuron', tief-gelb, größere Blüten.
Hinweise: Zum Teil Selbstaussaat möglich.

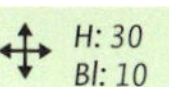
H: 30
Bl: 10

III

II

Iris reticulata

Kleine Netzblatt-Schwertlilie
Iridaceae, Schwertliliengewächse

Heimat: Kaukasus.
Wuchs: Aufrechte Zwiebelpflanze, horstig, zieht im Sommer ein.
Blatt: Spitz, 4-kantig, erscheinen mit der Blüte und überragen sie später.
Blüte: Dunkelblaue Dom- und Hängeblätter, letztere mit orangenem Saftmal, III.
Frucht: Kapsel.
Standort: Durchlässige Böden in voller Sonne.
Lebensbereich: St,1,so: Steinanlagen; trocken; sonnig. Auch für Felssteppe.
Verwendung: In kleinen Gruppen in Steingärten und zu Vorfrühlingsblühern. 100 Pfl./m^2.
Vermehrung: Brutzwiebeln.
Sorten: `Cantab´, hellblau, früh (Bild); 'Harmony', himmelblau.
Hinweise: Pflanzung im Herbst. Attraktiv in Kombination mit gelben Wild-Krokussen.

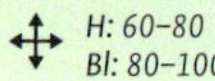 H: 60–80 Bl: 80–100  VI  II

Iris sibirica

Sibirische Schwertlilie, Wiesen-Schwertlilie
Iridaceae, Schwertliliengewächse

Heimat: Europa, Kaukasus, Sibirien.
Wuchs: Aufrecht, horstig. Stängel hohl.
Blatt: Grasartig, überhängend, hellgrün.
Blüte: Aufrechte Dom- und breite Hängeblätter, geadert, leuchtend blau, VI.
Frucht: 3-fächrige, schmale Kapsel mit zahlreichen, braunen Samen.
Standort: Am Rand von Gewässern in trockeneren Bereichen.
Lebensbereich: Fr,3,so: Freifläche; feucht; sonnig.
Verwendung: In nährstoffreichen Böden. 6 Pfl./m².
Vermehrung: Teilung im Frühling, Aussaat.
Sorten: 'Caesars Brother', nachtblau; 'Cambridge', hellblau, großblumig (Bild); 'Schwan', weiß.
Hinweise: Geschützte Wildpflanze.

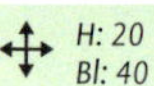 H: 20 Bl: 40  V–VI  II

Iris variegata

Bunte Schwertlilie, Steppen-Schwertlilie
Iridaceae, Schwertliliengewächse

Heimat: M-Europa, N-Balkan, S-Russland.
Wuchs: Aufrecht, horstig. Stängel steif, verzweigt.
Blatt: Schwertförmig, ganzrandig, spitz, grün.
Blüte: Zu mehreren, end- und achselständig, Domblätter gelb, Hängeblätter gelbweiß mit roten Adern, V–VI.
Frucht: 3-klappige Kapsel.
Standort: Durchlässige, magere Böden in voller Sonne, kalkliebend.
Lebensbereich: FS,1,so: Felssteppe; trocken; sonnig. Auch für Steinanlagen.
Verwendung: Im Steingarten und sonnigen Wildstaudenbereich. 6–11 Pfl./m².
Vermehrung: Teilung nach der Blüte im Sommer, Aussaat.
Hinweise: Verträgt keine Winternässe. Geschützte Wildpflanze.

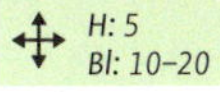
H: 5
Bl: 10–20

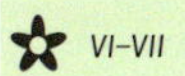
VI–VII

II

Jovibarba globifera subsp. globifera

Jupiterbart, Sprossende Fransenhauswurz
Crassulaceae, Dickblattgewächse

Heimat: Mittel- bis Osteuropa.
Wuchs: Kugelige Rosette, Nebenrosetten an dünnen Stolonen, polsterbildend.
Blatt: Lanzettlich, in kugeligen Rosetten angeordnet, 2 cm hellgrün.
Blüte: Lockerer Blütenschopf, 6 gefranste Petalen, Trichterblüten grüngelb, VI–VII.
Frucht: Mehrteilige Kapseln, winzige Samen.
Standort: Magere, durchlässige Böden in voller Sonne, oft in Felsnischen.
Lebensbereich: SF,1,so: Steinfugen; trocken; sonnig. Auch Mauerkronen und Steinanlagen.
Verwendung: Steingärten, Mauerfugen, extensive Dachbegrünung, Tröge. 25–50 Pfl./m^2.
Vermehrung: Tochterrosetten abnehmen.
Hinweise: Geschützte Wildpflanze.

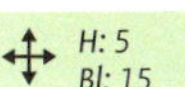
H: 5
Bl: 15

VI–VIII

II

Jovibarba heuffelii

Balkan-Fransenhauswurz
Crassulaceae, Dickblattgewächse

Heimat: SO-Europa.
Wuchs: Rosettenpolster, rübenartige Wurzel.
Blatt: Dickfleischig, oval, immergrün.
Blüte: Röhrenblüten glockig, in dichtem Blütenschopf, gelb-weiß, VI–VIII.
Frucht: Mehrteilige kleine Kapseln, sternförmig, Samen winzig.
Standort: In Kalkfelsfugen der Berge.
Lebensbereich: SF,1,so: Steinfugen; trocken; sonnig. Auch Mauerkronen und Steinanlagen.
Verwendung: Steingärten, Mauerfugen, extensive Dachbegrünung, Tröge. 25–50 Pfl./m^2
Vermehrung: Aussaat im Winter.
Sorten: 'Beacon Hill'; 'Bronze Ingot'; 'Cameo', auch mehrere Lokalformen.
Hinweise: Staunässe vermeiden! Geschützte Wildpflanze.

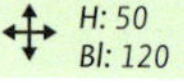
H: 50
Bl: 120

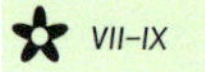
VII–IX

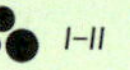
I–II

Kniphofia-Cultivars

Garten-Fackellilie
Asphodelaceae, Junkerliliengewächse

Heimat: Züchtung. Arten aus S-Afrika.
Wuchs: Straff aufrecht, horstig.
Blatt: Schmal, gekielt, wintergrün.
Blüte: Runder, blattloser Schaft endet in 15–30 cm langen Ähren, Einzelblüte röhrig, 2–4 cm lang, orange und gelb, VII–IX.
Frucht: Kugelig, wird bei uns selten ausgebildet.
Standort: Durchlässige Böden in voller Sonne. Gut vor Gebäuden.
Lebensbereich: B,1–2,so: Beet; trocken bis frisch; sonnig. Auch für Freifläche.
Verwendung: Einzeln in Staudenbeeten. Schnittpflanze. 4–6 Pfl./m^2.
Vermehrung: Teilung im April.
Sorten: 'Canary', goldgelb; 'Express Hybrids', orange; 'Prince Igor', orange (Bild); 'Royal Standard', gelb mit orangerot, beste Schnittsorte.
Hinweise: Winterschutz.

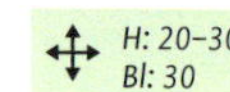
H: 20–30
Bl: 30

V–VI

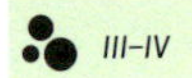
III–IV

Lamium galeobdolon

Echte Goldnessel
Lamiaceae, Taubnesselgewächse

Heimat: Europa, Kleinasien.
Wuchs: Flach ausgebreitet, oberirdisch wuchernd, auch rankend.
Blatt: Oval zugespitzt, Rand gezähnt, gegenständig, grün, wintergrün.
Blüte: In Etagen quirlständig, Lippenblüte gelb, V–VI.
Frucht: Nüsschen.
Standort: Waldränder, kalkarme Böden.
Lebensbereich: G,2,hs-sch: Gehölz; frisch; halbschattig bis schattig. Auch Gehölzrand.
Verwendung: Als Bodendecker unter und vor Gehölzen. Heilpflanze. 6–11 Pfl./m^2.
Vermehrung: Teilung, Abtrennen der bewurzelten Ranken.
Sorten: 'Florentinum', weiß gefleckt, stark wachsend (Bild); 'Silberteppich', schwacher Wuchs.
Hinweise: Kann Unkraut verdrängen.

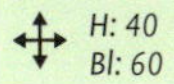

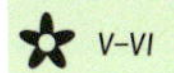

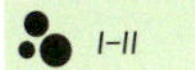

Lamium orvala

Großblütige Taubnessel, Nesselkönig
Lamiaceae, Taubnesselgewächse

Heimat: S- bis O-Europa.
Wuchs: Aufrecht, lockerhorstig.
Blatt: Oval zugespitzt, gegenständig, Rand gezähnt, grün.
Blüte: Lippenblüte groß, in Etagen, quirlständig, braunrot, V–VI.
Frucht: Nüsschen.
Standort: Waldränder, auch im Schatten meist kalkarmer Böden. Hohe Luftfeuchtigkeit.
Lebensbereich: GR,2,hs-sch: Gehölzrand; frisch; halbschattig bis schattig. Auch Gehölz.
Verwendung: Einzeln oder in kleinen Gruppen unter und vor Gehölzen. 4–6 Pfl./m^2.
Vermehrung: Teilung, Aussaat.
Hinweise: Selbstaussaat an geeigneten Standorten.

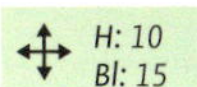

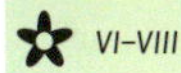

Leontopodium nivale subsp. alpinum

Gewöhnliches Alpen-Edelweiß
Asteraceae, Asterngewächse

Heimat: Alpen, Pyrenäen, Karpaten.
Wuchs: Polsterartig, horstbildend.
Blatt: Lineal-lanzettlich, graugrün.
Blüte: Winzige, gelbe Röhrenblüten, auffällige, silberwollige Hochblätter, VI–VIII.
Frucht: Trugdolde, Samen mit Pappus.
Standort: Magere, kalkhaltige Bergwiesen.
Lebensbereich: SF,2,so: Steinfugen; frisch; sonnig. Auch Matten, Alpinum.
Verwendung: Einzeln oder in kleinen Trupps im Steingarten. 25 Pfl./m^2.
Vermehrung: Teilung im Vorfrühling, Aussaat im Februar (Kaltkeimer).
Sorten: ‘Mignon’, nur 10 cm hoch, dicht.
Weitere Arten: *L. souliei* ist im Garten dankbarer.

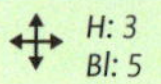 H: 3 Bl: 5  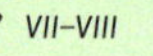 VII–VIII  III

Leptinella squalida

Echtes Fiederpolster, Laugenblume
Asteraceae, Asterngewächse

Heimat: Neuseeland.
Wuchs: Teppichbildend durch oberirdische Ausläufer.
Blatt: Tief fiederschnittig, wollig behaart, 3–4 cm lang, bräunlichgrün.
Blüte: Gelbgrüne, gestielte Köpfchen, VII–VIII.
Frucht: Köpfchen mit feinen Samen.
Standort: Feuchte Flächen von der Küste bis 1300 m Höhe.
Lebensbereich: M,2,so-hs: Matten; frisch; sonnig bis halbschattig. Auch für Felssteppe.
Verwendung: Als dichter Bodendecker für humose, auch saure Böden, Steingarten und Grabstätten. Als Moosersatz zwischen Trittplatten. 11–25 Pfl./m^2.
Vermehrung: Teilung, ganzjährig.
Hinweise: Bei längerer Trockenheit wässern.

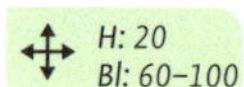 H: 20 Bl: 60–100  VII–IX  II

Leucanthemum maximum

Pyrenäen-Margerite, Sommer-Margerite
Asteraceae, Asterngewächse

Heimat: Züchtung. Die Art stammt aus den Pyrenäen.
Wuchs: Aufrecht, lockerhorstig.
Blatt: Lanzettlich, am Rand gezähnt, bis 12 cm lang, dunkelgrün.
Blüte: Blütenköpfe bis 10 cm groß, weiße Zungenblüten um gelbe Mitte, VII–IX.
Frucht: Körbchen, Samen länglich.
Standort: Tiefgründige, nährstoffreiche Böden in voller Sonne.
Lebensbereich: B,2,so: Beet; frisch; sonnig.
Verwendung: Beete, Rabatten. Schnittpflanze. 6 Pfl./m^2.
Vermehrung: Teilung im Vorfrühling.
Sorten: 'Beethoven'; 'Christine Hagemann', gefüllt; 'Wirral Supreme', gefüllt (Bild).

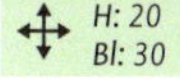
H: 20
Bl: 30

III–IV

III

Leucojum vernum

Frühlings-Knotenblume, Märzenbecher
Amaryllidaceae, Amaryllisgewächse

Heimat: Mitteleuropa, S-Europa.
Wuchs: Blätter überhängend, Blüten aufrecht, horstige Zwiebelpflanze. Zieht ein.
Blatt: Linealisch, glänzend, dunkelgrün.
Blüte: Glockig, 1- bis 2-blütig, hängend, weiß.
Frucht: Hängende Beere, selten.
Standort: Frische, feuchte, nährstoffreiche, lehmige Böden, die auch im Sommer nicht austrocknen.
Lebensbereich: GR,2–3,so-hs: Gehölzrand; frisch bis feucht; sonnig bis halbschattig.
Verwendung: Locker mit Stauden und Gräsern bepflanzte Flächen. Flächig. 25 Pfl./m^2.
Vermehrung: Samen und Brutzwiebeln (im Sommer).
Hinweise: Nach der Blüte verpflanzen, Zwiebeln nicht austrocknen lassen. Geschützte Wildpflanze.

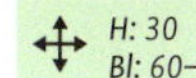
H: 30
Bl: 60–120

VII–X

II

Liatris spicata

Ährige Prachtscharte
Asteraceae, Asterngewächse

Heimat: Östliches und südliches N-Amerika.
Wuchs: Straff aufrecht, horstig.
Blatt: Linealisch, grün, Stängel beblättert.
Blüte: Blütenkörbchen zu vielen an einem ährigen Blütenstand, lila, blüht von oben nach unten! VII–X.
Frucht: Körbchen.
Standort: Feuchte Wiesen in voller Sonne.
Lebensbereich: Fr,2,so, -b: Freifläche; frisch; sonnig; beetstaudenähnlich. Auch Beet.
Verwendung: Staudenbeete. Schnittpflanze. Bienenweide. 16 Pfl./m^2.
Vermehrung: Teilung des knollenartig verdickten Wurzelstocks im Frühling.
Sorten: 'Kobold', 40 cm, lila; 'Floristan Weiß', 90 cm (Bild), Samen fällt sortenecht.
Hinweise: Andere Arten eignen sich eher für trockene Plätze z. B. *L. pycnostachya*.

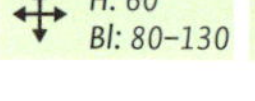
H: 60
Bl: 80–130

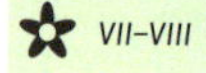
VII–VIII

I

Ligularia przewalskii

Kerzen-Goldkolben
Asteraceae, Asterngewächse

Heimat: Nordchina.
Wuchs: Buschig, horstig.
Blatt: Tief handförmig gelappt, am Rand stark eingeschnitten.
Blüte: Körbchen mit gelben Zungenblüten, in ährigen Trugdolden über dem Laub, VII–VIII.
Frucht: Körbchen.
Standort: Humos, feucht, Halbschatten.
Lebensbereich: GR,2–3,hs,-b: Gehölzrand; frisch bis feucht; halbschattig; beetstaudenähnlich. Auch Freifläche und Wasserrand.
Verwendung: Solitärstaude. 2 Pfl./m^2.
Vermehrung: Teilung im Frühling.
Weitere Arten: *L. stenocephala*, bis 180 cm hoch, gelb.
Hinweise: Empfindlich gegen Hitze und Trockenheit. Blätter welken rasch bei Besonnung. Vor Schnecken schützen.

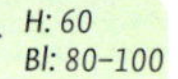
H: 60
Bl: 80–100

VI–VII

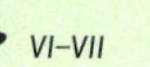

I

Lilium bulbiferum

Feuer-Lilie
Liliaceae, Liliengewächse

Heimat: Alpen, Dolomiten, Pyrenäen, Balkan.
Wuchs: Aufrecht, horstbildend.
Blatt: Lanzettlich, grün, Stängel beblättert.
Blüte: Große Trichterblüten am Stielende, leuchtend rot-orange, VI–VII.
Frucht: Kapsel.
Standort: Sonnige Bergwiesen der Kalkalpen.
Lebensbereich: Fr,2,so: Freifläche; frisch; sonnig. Auch für Gehölzrand.
Verwendung: An sonnigen Plätzen im Garten und Park. 2–4 Pfl./m^2.
Vermehrung: Aussaat, Abtrennen der Zwiebelschuppen, Achselbulben.
Unterarten: *L. bulbiferum* subsp. *bulbiferum*, Oberbayern, Thüringen, Achselbulben, 120 cm; *L. b.* subsp. *croceum*, Alpen, Italien, Korsika, ohne Achselbulben, 80 cm. Anspruchsloser in der Gartenkultur. Wildpflanzen alle geschützt.

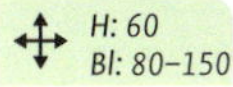
H: 60
Bl: 80–150

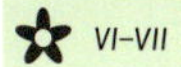
VI–VII

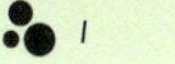
I

Lilium candidum

Madonnen-Lilie, Weiße Lilie
Liliaceae, Liliengewächse

Heimat: Östliches Mittelmeergebiet, SW-Asien.
Wuchs: Aufrechte, horstbildende Zwiebelpflanze. Zieht nach der Blüte ein.
Blatt: Breitlanzettlich, grün, Stängel beblättert. Treibt im September aus, überdauert den Winter als Blattschopf.
Blüte: Große Trichterblüten am Stielende, bis 15 cm, weiß, stark duftend, VI–VII.
Frucht: Kapsel aufrecht.
Standort: Sonnige, durchlässige Humusböden.
Lebensbereich: B,2,so: Beet; frisch; sonnig. Auch für Freifläche.
Verwendung: An sonnigen Plätzen im Garten und Park. Heilpflanze. 2–4 Pfl./m^2.
Vermehrung: Aussaat, Abtrennen der Zwiebelschuppen.
Hinweise: Vor Schnecken schützen. Zwiebel bis Ende August pflanzen.

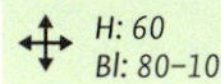
H: 60
Bl: 80–100

VI–VII

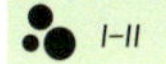
I–II

Lilium-Cultivars

Garten-Lilien
Liliaceae, Liliengewächse

Heimat: Züchtung.
Wuchs: Aufrechte, horstbildende Zwiebelpflanze.
Blatt: Breit-lanzettlich, grün.
Blüte: Große Trichterblüten am Stielende, in vielen Farben je nach Sorte, VI–VII.
Frucht: Kapsel.
Standort: Sonnige, meist saure, durchlässige Humusböden.
Lebensbereich: B,2,so: Beet; frisch; sonnig. Auch Gehölzrand.
Verwendung: An sonnigen Plätzen im Garten und Park. Schnittpflanze. 2–4 Pfl./m^2.
Vermehrung: Aussaat, Abtrennen der Zwiebelschuppen.
Sorten: ‘Cinnabar’, 80 cm, dunkelrot; ‘Enchantment, rot; ‘Schellenbaum’, 180 cm, rot (Bild).
Hinweise: Vor Schnecken schützen.

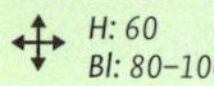
H: 60
Bl: 80–100

VI–VII

II

Lilium martagon

Türkenbund-Lilie
Liliaceae, Liliengewächse

Heimat: Europa, Sibirien.
Wuchs: Aufrechte, horstbildende Zwiebelpflanze.
Blatt: Breit-lanzettlich, grün, Stängel beblättert.
Blüte: Trichterblüten am Stielende, Blumenblätter umgerollt, leuchtend weinrot bis dunkelviolett, gefleckt, VI–VII.
Frucht: Kapsel.
Standort: Durchlässige Kalk-Humusböden.
Lebensbereich: G,2,hs: Gehölz; frisch; halbschattig. Auch für Gehölzrand.
Verwendung: An weniger sonnigen Plätzen im Garten und Park. 2–4 Pfl./m^2.
Vermehrung: Aussaat, Abtrennen der Zwiebelschuppen.
Sorten: ‘Album’, weiß, 80 cm (Bild); ‘Cattaniae’, weinrot.
Hinweise: Vor Schnecken schützen.

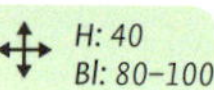
H: 40
Bl: 80–100

V–VI

II

Lilium pyrenaicum

Pyrenäen-Lilie
Liliaceae, Liliengewächse

Heimat: Pyrenäen.
Wuchs: Aufrechte, horstbildende Zwiebelpflanze.
Blatt: Lanzettlich, grün mit hellem Rand, Stängel beblättert.
Blüte: Große Trichterblüten, Blumenblätter umgerollt, leuchtend gelb, V–VI.
Frucht: Kapsel.
Standort: Bergwiesen der Pyrenäen, sonnige, durchlässige Humusböden, aber auch dränierte mittelschwere Lehmböden.
Lebensbereich: Fr,2,so: Freifläche; frisch; sonnig. Auch für Alpinum.
Verwendung: An sonnigen Plätzen im Steingarten. 2–4 Pfl./m^2.
Vermehrung: Aussaat, Abtrennen der Zwiebelschuppen.
Hinweise: Vor Schnecken schützen.

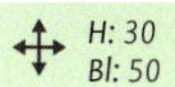
H: 30
Bl: 50

V–VIII

II

Linum narbonense

Südfranzösischer Lein
Linaceae, Leingewächse

Heimat: Westlicher Mittelmeerraum.
Wuchs: Aufrecht, locker überhängend, horstig.
Blatt: Lineal, kurz, grün, Stängel beblättert.
Blüte: Schalenförmig, in Doldentrauben, blau, V–VIII.
Frucht: Kugelige Kapsel.
Standort: Durchlässige Kalkböden in voller Sonne.
Lebensbereich: SH,1,so: Steppenheide; trocken; sonnig.
Verwendung: Zur Auflockerung von Wildstaudenpflanzungen, Dachbegrünung. 11 Pfl./m^2.
Vermehrung: Aussaat im Frühling, Sorten nur durch Stecklinge vermehren.
Sorten: 'Heavenly Blue', niedriger, dunkelblau.
Hinweise: Einzelblüten halten auf den Beeten nur bis zum Nachmittag.

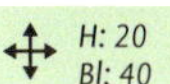
H: 20
Bl: 40

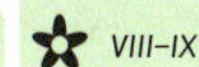
VIII–IX

II

Liriope muscari

Horstbildende Liriope, Lilientraube
Asparagaceae, Spargelgewächse

Heimat: China, Japan.
Wuchs: Lockerrasig, gebogen, horstig.
Blatt: Lineal-lanzettlich, grasartig, immergrün.
Blüte: Dichte Blütentraube mit kleinen, violetten Einzelblütchen, VIII–IX.
Frucht: Kleine Steinfrüchte.
Standort: Durchlässige, humusreiche, saure Böden im Halbschatten.
Lebensbereich: GR,2,hs-sch: Gehölzrand; frisch; halbschattig bis schattig. Auch für Steinanlagen.
Verwendung: Einzeln oder in kleinen Gruppen zu Gehölzen. 11 Pfl./m^2.
Vermehrung: Teilung im Frühling, auch Aussaat.
Sorten: 'Big Blue', 50 cm, blauviolett.
Hinweise: Wertvoller Sommerblüher für den Schattenbereich. In strengen Wintern Schutz durch Reisigdecke.

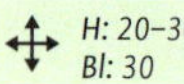
H: 20–30
Bl: 30

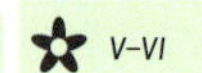
V–VI

III

Lithospermum purpurocaeruleum

Steinsame
Boraginaceae, Raublattgewächse

Heimat: Kleinasien, Mittel- und Südeuropa.
Wuchs: Niederliegend, bildet bogenförmige, beblätterte Ausläufer, rhizombildend.
Blatt: Lanzettlich, 2–3 cm lang, grün behaart.
Blüte: In einer Wickeltraube, in der Knospe rot, geöffnet enzianblau, V–VI.
Frucht: Weißes, hartes Nüsschen
Standort: Warme Gehölzränder der Kalkbuchenwälder.
Lebensbereich: GR,1,so-hs: Gehölzrand; trocken; sonnig bis halbschattig. Auch für Felssteppe und Gehölz.
Verwendung: Flächendecker für wärmere Lagen. Dachbegrünung. Bienenweide. 6–11 Pfl./m².
Vermehrung: Abtrennen der Ausläufer, halbweiche Stecklinge im Sommer.

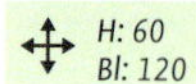
H: 60
Bl: 120

VII–IX

I

Lobelia cardinalis

Kardinals-Lobelie, Leuchtende Lobelie
Campanulaceae, Glockenblumengewächse

Heimat: Östliches N-Amerika.
Wuchs: Aufrecht, horstig.
Blatt: Verkehrt eiförmig, ganzrandig, grün.
Blüte: In Doldentrauben, 3-teilig gelappte Einzelblüte, leuchtend rot, VII–IX.
Frucht: Kapsel.
Standort: Durchlässige, humose, nährstoffreiche Böden, sonnig.
Lebensbereich: Fr,3,so: Freifläche; feucht; sonnig. Auch Wasserrand, sumpfig.
Verwendung: Einzeln oder in kleinen Gruppen an feuchten Plätzen. 8 Pfl./m².
Vermehrung: Teilung, Aussaat im Frühling.
Hinweise: Spätblüher mit leuchtender, außergewöhnlicher Blütenfarbe. Mit Winterschutz.

H: 40 Bl: 80–100 | VI–VIII | II

Lupinus polyphyllus

Garten-Lupine
Fabaceae, Schmetterlingsblütler

Heimat: Züchtung, Art aus N-Amerika.
Wuchs: Aufrecht, horstig. An den Wurzeln Knöllchen. Stiele hohl.
Blatt: Im Umriss rund, handförmig geteilt, lang gestielt, leicht behaart, hellgrün.
Blüte: Trauben bis 50 cm über dem Laub, Einzelblüten 2 cm, in vielen Farben, VI–VIII.
Frucht: Hülse 4–6 cm lang, Samen braun.
Standort: Durchlässige, humose, meist kalkarme Böden in voller Sonne.
Lebensbereich: Fr,2,so: Freifläche; frisch; sonnig. Auch Gehölzrand.
Verwendung: Im Staudenbeet wichtiger Vorsommerblüher. Schnittpflanze. 2–4 Pfl./m^2.
Vermehrung: Aussaat, Stecklinge mit Wurzelansatz (rübenartige Wurzel).
Sorten: 'Schlossfrau', rosa mit weißer Fahne (Bild). Viele weitere Sorten.

H: 20 Bl: 40 | VI–VII | III

Luzula nivea

Schneemarbel, Schneeweiße Hainsimse
Juncaceae, Binsengewächse

Heimat: Alpen, Apennin, Pyrenäen.
Wuchs: Aufrecht, leicht überhängend, horstig.
Blatt: Schmal, am Rand behaart, immergrün.
Blüte: Gedrungene Rispe. Blüten in Büscheln am Ende der Stiele, weiß, VI–VII.
Frucht: Braune Büschel, Karyopse.
Standort: Durchlässige, humose, auch sandige Böden im Halbschatten.
Lebensbereich: GR,2,hs-sch: Gehölzrand; frisch; halbschattig bis schattig. Auch Gehölz.
Verwendung: In grössern Gruppen, wirkt auch in der Fläche, vor Gehölzen. Schnittpflanze. Trockenbinderei. 11 Pfl./m^2.
Vermehrung: Teilung und Aussaat im Frühling.
Sorten: 'Schneehäschen', 'Silberglanz', kleinwüchsige Auslesen.
Hinweise: Selbstaussaat an geeigneten Stellen.

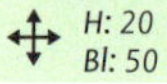 H: 20 Bl: 50 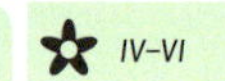 IV–VI 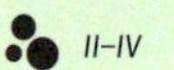 II–IV

Luzula sylvatica

Wald-Hainsimse
Juncaceae, Binsengewächse

Heimat: Europa, W-Kaukasus.
Wuchs: Aufrecht, bogig ausladend, lockerhorstig.
Blatt: Schmal, dunkelgrün, wintergrün.
Blüte: Gedrungene Rispe, hellbraun, in lockeren Büscheln am Ende der Stiele, IV–VI.
Frucht: Braune Büschel, Karyopse.
Standort: Durchlässige, humose, auch sandige Böden im Halbschatten.
Lebensbereich: G,2,hs-sch: Gehölz; frisch; halbschattig bis schattig. Auch Gehölzrand.
Verwendung: In größeren Gruppen, wirkt auch in der Fläche, unter Gehölzen. Bodendecker. 11 Pfl./m^2.
Vermehrung: Teilung und Aussaat im Frühling.
Sorten: 'Farnfreund', kompakt; 'Tauernpass', starke Bestockung, Flächendecker (Bild).
Hinweise: Selbstaussaat an geeignetem Standort.

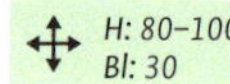 H: 80–100 Bl: 30  IV–V  I

Lysichiton americanus

Gelbe Scheinkalla
Araceae, Aronstabgewächse

Heimat: N-Amerika.
Wuchs: Aufrecht, locker, rhizombildend.
Blatt: Verkehrt-eiförmig, riesig, 50–100 cm lang, 30–60 cm breit, erscheint nach der Blüte.
Blüte: Kolben mit gelber Spatha, 25 cm lang, 12 cm breit, IV–V.
Frucht: Kolben.
Standort: Schwere, humusreiche Böden, sumpfiges Gelände.
Lebensbereich: WR,4,so-hs: Wasserrand; sumpfig; sonnig bis halbschattig.
Verwendung: Sumpf- und Wassergärten, zusammen mit Primelarten. 1 Pfl./m^2.
Vermehrung: Teilung der Rhizome im Frühling.
Weitere Arten: *L. camtschatcensis*, weiße Spatha.
Besonderes: Gilt als invasive Pflanze.
Hinweise: Auffälliger Vorfrühlingsblüher, benötigt viel Platz! Invasiv.

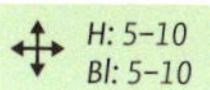
H: 5–10
Bl: 5–10

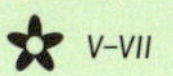
V–VII

III

Lysimachia nummularia

Pfennig-Gilbweiderich, Pfennigkraut
Primulaceae, Primelgewächse

Heimat: Europa, Kaukasus.
Wuchs: Teppichartig kriechend, oberirdische Ausläufer bildend.
Blatt: Rundlich, kreuzgegenständig angeordnet, dem Boden flach aufliegend, grün.
Blüte: Schalenblüte achselständig, gelb, V–VII.
Frucht: Kleine Kapseln.
Standort: Feuchte Wiesengräben, Bachränder, meist sonnig. Standorte dürfen auf keinen Fall austrocknen.
Lebensbereich: GR,2–3,so–hs: Gehölzrand; frisch bis feucht; sonnig bis halbschattig. Auch Freifläche und Wasserrand.
Verwendung: Wichtiger Bodendecker für Teich- und Bachränder, auch für Grabstätten. 11–25 Pfl./m^2.
Vermehrung: Teilung der Triebe.
Sorten: 'Aurea', goldgelbes Laub.

H: 100
Bl: 120

VI–VIII

II

Lythrum salicaria

Blut-Weiderich
Lythraceae, Weiderichgewächse

Heimat: Asien, Europa, Mittelmeergebiete, N-Amerika.
Wuchs: Straff aufrecht, horstig.
Blatt: Lanzettlich, ganzrandig, grün.
Blüte: In ährigem Blütenstand, achselständig, violettrosa, VI–VIII.
Frucht: Kleine Kapsel.
Standort: Wassernahe Plätze, an Gräben, kalkarmen Feuchtwiesen und Mooren.
Lebensbereich: Fr,3,so: Freifläche; feucht; sonnig. Auch Wasserrand.
Verwendung: An Teichen, Naturgärten, Bächen. Schnittpflanze, Trockenbinderei. 3–6 Pfl./m^2.
Vermehrung: Aussaat im Vorfrühling oder Stecklinge bei Sorten.
Sorten: 'Feuerkerze', rosarot; 'The Beacon', dunkelrot, 80 cm.
Hinweise: Selbstaussaat.

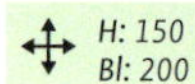
H: 150
Bl: 200

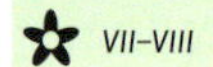
VII–VIII

I

Macleaya cordata

Weißer Federmohn
Papaveraceae, Mohngewächse

Heimat: China, Japan.
Wuchs: Aufrecht, ausläufertreibend. Stiele mit bräunlichem Milchsaft.
Blatt: Rundlich-herzförmig, lappig ausgebuchtet, blaugrün, unterseits weiß.
Blüte: Doldenrispe, über dem Laub, blassgelb, ohne Kronblätter, daher keine Fernwirkung, VII–VIII.
Frucht: Winzige Kapseln.
Standort: Vor Gehölzen an meist trockenen Plätzen, normale Böden.
Lebensbereich: Fr,1–2,so-abs: Freifläche; trocken bis frisch; sonnig bis absonnig. Auch Gehölzrand.
Verwendung: Vor Mauern und Gebäuden in Einzelstellung. 1–4 Pfl./m^2.
Vermehrung: Teilung und Wurzelschnittlinge.
Hinweise: Begrenzen des Wurzelwachstums durch Dachpappe, Betonring oder Folie.

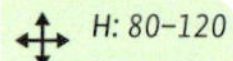
H: 80–120
-

-

I

Matteuccia struthiopteris

Europäischer Straußenfarn, Trichterfarn
Dryopteridaceae, Wurmfarngewächse

Heimat: Europa bis China.
Wuchs: Straff aufrecht, ausläuferbildend.
Blatt: Wedel steril, doppelt gefiedert, bilden einen Trichter, hellgrün, im Herbst gelbbraun. Fertile Wedel (Sporophylle) steif aufrecht, 80 cm lang, grün, später braun, zieren im Winter.
Standort: Humusreiche Waldböden, an Bächen der Mittelgebirge, alpine Schwemmlandböden.
Lebensbereich: G,2–3,hs-sch: Gehölz; frisch bis feucht; halbschattig bis schattig. Gehölzrand.
Verwendung: Einzeln oder in Gruppen unter Laubbäumen oder in Teichnähe. Trockenbinderei. 1–2 Pfl./m^2.
Vermehrung: Abtrennen der Ausläufer und durch Sporen, die im Winter reifen.
Hinweise: Breitet sich stark aus, kann lästig werden.

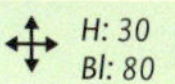
H: 30
Bl: 80

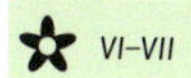
VI–VII

I

Meconopsis betonicifolia

Tibet-Scheinmohn
Papaveraceae, Mohngewächse

Heimat: Oberburma, Tibet, Westchina.
Wuchs: Aufrecht, horstig.
Blatt: Verkehrt-eiförmig, gekerbt, bräunlich behaart, grün.
Blüte: In den oberen Blattachseln entspringend, 4-petalig, große Blüten himmelblau, gelbe Staubgefäße, VI–VII.
Frucht: Längliche Kapsel (Streufrucht).
Standort: Humusreiche, kalkarme Böden.
Lebensbereich: GR,2,so-hs: Gehölzrand; frisch; sonnig bis halbschattig. Auch für Steinanlagen.
Verwendung: Einzeln oder in kleinen Gruppen zu Rhododendron, in größeren Steingärten. 4–6 Pfl./m^2.
Vermehrung: Aussaat im Frühling unter Glas.
Weitere Arten: *M. cambrica*, Waldscheinmohn aus W-Europa blüht gelb, 40 cm, anspruchslos.
Hinweise: Abgeblühte Stängel bald abschneiden.

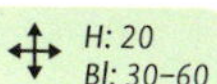
H: 20
Bl: 30–60

V–VII

II

Melica ciliata

Wimper-Perlgras
Poaceae, Süßgräser

Heimat: Europa, Kaukasus.
Wuchs: Buschig, aufrecht, lockerhorstig.
Blatt: Schmal, matt grau-grün.
Blüte: Ährenrispe zylindrisch, bei der Reife gelbweiß, V–VII.
Frucht: Karyopse, stark bewimpert.
Standort: Sonnige Kalkfelsen und Berghänge, durchlässige Magerböden.
Lebensbereich: FS,1,so: Felssteppe; trocken; sonnig. Auch Steppenheide und Steinanlagen.
Verwendung: Extensive Dachbegrünung, Geröllhänge und andere Steppenpflanzungen. Schnittpflanze. Trockenbinderei. 11 Pfl./m^2.
Vermehrung: Aussaat problemlos, sät sich oft selbst aus.

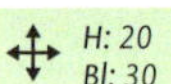
H: 20
Bl: 30

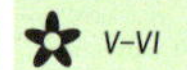
V–VI

I

Menyanthes trifoliata

Fieberklee, Bitterklee
Menyanthaceae, Fieberkleegewächse

Heimat: Kaukasus, Sibirien, Mittelasien.
Wuchs: Niederliegend, meterlange Triebe liegen auf dem Wasser, Blütentriebe aufrecht.
Blatt: 3-teilig, gestielt, grün, eiförmige Fieder.
Blüte: 5-teilig, stark gefranst, an aufrechtem Blütenschaft traubig angeordnet, weiß, V–VI.
Frucht: Kugelig, erst grün, später braun.
Standort: Kalkarm. Flach- und Quellmoore, überschwemmte Böden.
Lebensbereich: WR,4–5,so-hs: Wasserrand; sumpfig bis flaches Wasser; sonnig bis halbschattig. Auch für Freifläche.
Verwendung: Für kleinere und größere Wasser- und Sumpfanlagen. Heilpflanze. 11 Pfl./m^2.
Vermehrung: Rhizomteilung.
Hinweise: Geschützte Wildpflanze.

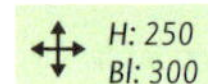
H: 250
Bl: 300

IX–X

I

Miscanthus floridulus

Pazifikschilf
Poaceae, Süßgräser

Heimat: Asien.
Wuchs: Steif aufrechte Triebe, Blätter überhängend, horstig.
Blatt: Breit-lineal, 60 cm lang, grün, im Herbst gelbbraun, Triebe locker beblättert.
Blüte: Selten zu sehende Blütenrispen, erscheinen nach warmen Sommern, Blütenstand endständig, über dem Laub, 30 cm lang, IX–X.
Frucht: Karyopsen reifen bei uns nicht aus.
Standort: Nährstoffreiche, tiefgründige Böden in sonnigen Lagen.
Lebensbereich: Fr,2,so: Freifläche; frisch; sonnig.
Verwendung: Einzeln vor Gebäuden in großen Gärten und Parks. Trockenbinderei. 1 Pfl./m^2.
Vermehrung: Teilung im Frühling.
Hinweise: Rückschnitt im Vorfrühling.

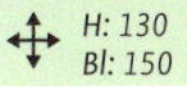
H: 130
Bl: 150

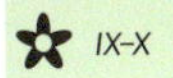
IX–X

I

Miscanthus sinensis 'Gracillimus'

Feinhalm-Chinaschilf
Poaceae, Süßgräser

Heimat: Züchtung.
Wuchs: Aufrecht, lockerhorstig.
Blatt: Schmal, bandartig, etwa 60 cm lang, rollt sich bei Trockenheit ein.
Blüte: Silbrige Blütenrispen, erscheinen nur nach warmen Sommern, selten, IX–X.
Frucht: Karyopsen reifen nur selten in unserem Klima.
Standort: Durchlässige, nährstoffreiche Böden in voller Sonne.
Lebensbereich: Fr,2,so, -b: Freifläche; frisch; sonnig; beetstaudenähnlich. Auch für Beet.
Verwendung: Einzeln oder in kleinen Gruppen vor Gebäuden, Staudenbeeten. 1 Pfl./m^2.
Vermehrung: Teilung im Vorfrühling.
Hinweise: Blüht nur nach warmen Sommern.

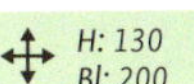
H: 130
Bl: 200

VIII–X

I

Miscanthus sinensis 'Silberfeder'

Silber-Chinaschilf, Eulaliagras
Poaceae, Süßgräser

Heimat: Züchtung.
Wuchs: Aufrecht bis überhängend, lockerhorstig.
Blatt: Schmal, bandartig, ca. 60 cm lang.
Blüte: Silbrige Blütenrispen, VIII–X, erscheinen regelmäßig.
Frucht: Karyopse.
Standort: Durchlässige, nährstoffreiche Böden in voller Sonne.
Lebensbereich: Fr,2,so,-b: Freifläche; frisch; sonnig; beetstaudenähnlich. Auch Beet.
Verwendung: Einzeln oder in kleinen Gruppen vor Gebäuden, Staudenbeeten. 1 Pfl./m^2.
Vermehrung: Teilung im Vorfrühling.
Hinweise: Blüht regelmäßig.

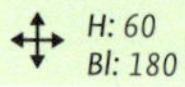

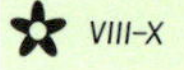

Molinia arundinacea

Rohr-Pfeifengras
Poaceae, Süßgräser

Heimat: Europa.
Wuchs: Aufrecht, horstig.
Blatt: Breit-lineal, grün, im Herbst goldgelb.
Blüte: Gelbgrün, an steifen, knotenlosen Halmen, Rispen verzweigt, VIII–X.
Frucht: Karyopsen an verzweigten Rispen.
Standort: Durchlässige Böden in voller Sonne.
Lebensbereich: Fr,2–3,so-hs: Freifläche; frisch bis feucht; sonnig bis halbschattig. Gehölzrand.
Verwendung: Einzeln in größeren Gärten, am trockenen Teichrand. Schnittpflanze. Trockenbinderei. 1 Pfl./m^2.
Vermehrung: Teilung im Vorfrühling.
Sorten: 'Karl Foerster', 200 cm (Bild); 'Transparent', 180 cm.
Hinweise: Stattliches Gras.

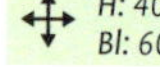

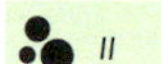

Molinia caerulea

Blaues Pfeifengras, Moor-Pfeifengras
Poaceae, Süßgräser

Heimat: Europa.
Wuchs: Aufrecht, horstig.
Blatt: Lineal, grün, im Herbst goldgelb.
Blüte: Fast schwarz, an steifen, knotenlosen Halmen, Rispen anliegend verzweigt, VIII–X.
Frucht: Karyopsen an Rispen.
Standort: Durchlässige, kalkarme, humose Böden in voller Sonne. Charakterpflanze der Heiden.
Lebensbereich: H,2–3,so-hs: Heide; frisch bis feucht; sonnig bis halbschattig. Freifläche, Gehölzrand.
Verwendung: Einzeln oder in kleinen Gruppen in Heidegärten, am Teichrand. Schnittpflanze, Trockenbinderei. 11 Pfl./m^2.
Vermehrung: Teilung im Vorfrühling.
Sorten: 'Edith Dudszus', 90 cm; 'Moorhexe', 60 cm; 'Strahlenquelle' (Bild).
Besonderes: Halme dienten als Pfeifenreiniger.

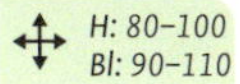
H: 80–100
Bl: 90–110

VII–IX

I

Monarda-Cultivars

Garten-Indianernessel
Lamiaceae, Taubnesselgewächse

Heimat: Züchtung. Arten aus N-Amerika.
Wuchs: Aufrecht, ausläuferbildend.
Blatt: Eiförmig zugespitzt, kreuzgegenständig, flaumig behaart, grün.
Blüte: Quirlständige Köpfe in Etagen, Einzelblüte lippig, rosa, rot, weiß, VII–IX.
Frucht: Kleine Nüsschen.
Standort: Trockene Plätze in voller Sonne, normale, nährstoffreiche Gartenböden.
Lebensbereich: B,2,so: Beet; frisch; sonnig. Auch für Freiflächen.
Verwendung: Einzeln oder in kleinen Gruppen in Staudenbeeten und Rabatten. Bienenweide, Schnittpflanze, Trockenbinderei (abgeblühte Stiele). 4–6 Pfl./m^2.
Vermehrung: Teilung im Vorfrühling.
Sorten: 'Adam', karminrot; 'Donnerwolke', weinrot'; 'Morgenröte', lachsrot.

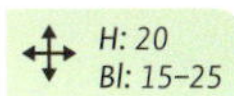
H: 20
Bl: 15–25

III–IV

III

Muscari armeniacum

Armenische Traubenhyazinthe
Hyacinthaceae, Hyazinthengewächse

Heimat: Balkan, Kleinasien, Kaukasus.
Wuchs: Aufrechte Blütentrauben, Blätter bogig, horstbildende Zwiebelpflanze.
Blatt: Lineal, dunkelgrün, erscheint schon im Herbst in einer Rosette (wintergrün). Blätter ziehen nach der Blüte ein.
Blüte: Dichte Blütentraube mit kleinen, krugförmigen Glöckchen, blau, III–IV.
Frucht: 3-klappige Kapsel, schwarze Samen.
Standort: Durchlässige Kalkböden in voller Sonne.
Lebensbereich: Fr,1–2,so: Freifläche; trocken bis frisch; sonnig. Auch Steinanlagen.
Verwendung: In kleinen Gruppen in meist kalkreichen Böden, Steingärten. Schnittpflanze. 25–200 Pfl./m^2.
Vermehrung: Teilung im Juni.
Sorten: 'Cantab', himmelblau.

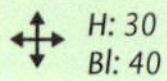
H: 30
Bl: 40

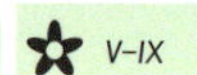
V–IX

II

Myosotis scorpioides

Gewöhnliches Sumpf-Vergissmeinnicht
Boraginaceae, Boretschgewächse

Heimat: Europa bis Sibirien, N-Amerika.
Wuchs: Kissenförmig, kriechend durch Ausläufer.
Blatt: Lanzettlich, glänzend, frischgrün.
Blüte: In wickelartigen, lockeren Trauben, violettblau, V–IX.
Frucht: Kleine Nüsschen.
Standort: Feuchte Wiesen, am Rand von Gewässern, sonnige Lagen.
Lebensbereich: WR,4,so-hs: Wasserrand; sumpfig; sonnig bis halbschattig. Auch für Freifläche.
Verwendung: In kleinen Trupps an Teichrändern. Heilpflanze. 11 Pfl./m^2.
Vermehrung: Teilung im Frühling, Aussaat (große Variationsbreite bei Samenvermehrung).
Sorten: 'Graf Waldersee', tiefblau.

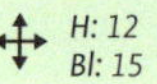
H: 12
Bl: 15

II–III

II

Narcissus cyclamineus

Alpenveilchen-Narzisse
Amaryllidaceae, Amaryllisgewächse

Heimat: Spanien bis Portugal.
Wuchs: Aufrecht, lockerhorstige Zwiebelpflanze. Zieht nach der Blüte ein.
Blatt: Schmal-lineal, gekielt, grün.
Blüte: Nickend, goldgelb, Krone schlank, röhrenförmig, Perianth zurückgeschlagen, II–III.
Frucht: Fleischige Kapsel, 3-teilig, wird selten ausgebildet.
Standort: Trockene Magerwiesen, sonnig.
Lebensbereich: Fr,1–2,so: Freifläche; trocken bis frisch; sonnig. Auch Steinanlagen.
Verwendung: In kleinen Gruppen für den Steingarten, Vorfrühlingsecke unter Sträuchern. Topftreiberei. 10–100 Pfl./m^2.
Vermehrung: Brutzwiebeln, im Sommer aufnehmen, Pflanzung ab September.
Sorten: 'February Gold', gelb; 'Jumblie', orangegelbe Röhre, gelbes Perianth.

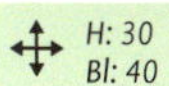
H: 30
Bl: 40

IV–V

II

Narcissus poeticus

Dichter-Narzisse, Weiße Narzisse
Amaryllidaceae, Amaryllisgewächse

Heimat: Spanien bis Griechenland.
Wuchs: Aufrecht, lockerhorstige Zwiebelpflanze. Zieht nach der Blüte ein.
Blatt: Schmal-lineal, gekielt, grün.
Blüte: Nickend, weiß, Krönchen orange; Perianth weiß, IV–V.
Frucht: Fleischige Kapsel, 3-teilig, wird selten ausgebildet.
Standort: Montane, nährstoffreiche Wiesen.
Lebensbereich: Fr,1–2,so: Freifläche; trocken bis frisch; sonnig.
Verwendung: In kleinen Gruppen auf Beeten. 10–100 Pfl./m².
Vermehrung: Brutzwiebeln, im Sommer aufnehmen, Pflanzung ab September.
Sorten: 'Actaea', zuverlässig.
Unterarten: *N. p.* var. *recurvus* blüht im Juni in den Bergen oberhalb von Montreux, 40 cm, weiß.

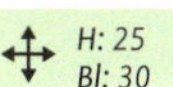
H: 25
Bl: 30

III–IV

II

Narcissus pseudonarcissus

Gelbe Narzisse, Osterglocke
Amaryllidaceae, Amaryllisgewächse

Heimat: Italien, Schweiz, W-Europa.
Wuchs: Aufrecht, lockerhorstig.
Blatt: Schmal-lineal, gekielt, grün.
Blüte: Groß, röhrig, goldgelb, Krone breit; Perianth ausgebreitet, III–IV.
Frucht: Fleischige Kapsel, 3-teilig, selten.
Standort: Nährstoffreiche, sonnige Wiesen.
Lebensbereich: Fr,1–2,so: Freifläche; trocken bis frisch; sonnig.
Verwendung: Für Beete, Vorfrühlingsecke. Schnittpflanze, Treiberei. 11–25 Pfl./m².
Vermehrung: Brutzwiebeln.
Sorten: Etwa 10.000 Narzissensorten registriert.
Hinweise: Die Stiele sondern nach dem Schnitt ein schleimiges Sekret ab, ungünstige Wirkung auf andere Blumen in der Vase.

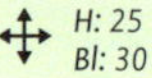
H: 25
Bl: 30

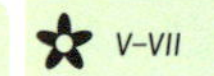
V–VII

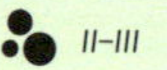
II–III

Nepeta × faassenii

Blaue Katzenminze
Lamiaceae, Taubnesselgewächse

Heimat: Züchtung.
Wuchs: Buschig, horstbildend.
Blatt: Eiförmig, gekerbter Blattrand, gegenständig, graugrün, Triebe dicht beblättert.
Blüte: Lippenblüten lavendelblau, in 15 cm langen Quirlen, V–VII, nach Rückschnitt IX.
Frucht: Nüsschen, unauffällig.
Standort: Durchlässige Böden in voller Sonne.
Lebensbereich: FS,1,so: Felssteppe; trocken; sonnig. Auch Freifläche und Steinanlagen.
Verwendung: Vielseitige Pflanze, für Beeteinfassungen, zu Rosen oder in Steingärten. 11 Pfl./m².
Vermehrung: Teilung im Frühling und Stecklinge im Sommer.
Sorten: ‘Blauknirps’, 20 cm; ‘Six Hills Giant’, große Katzenminze, 60 cm.
Besonderes: Duftet intensiv, zieht Katzen an.

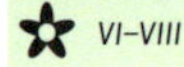
H: 0–10
Bl: 20

VI–VIII

I

Nuphar lutea

Gelbe Teichrose, Mummel
Nymphaeaceae, Seerosengewächse

Heimat: Europa, Kleinasien, Sibirien.
Wuchs: Schwimmblättrig, rhizombildende Wasserpflanze. Kräftiger Wurzelstock.
Blatt: Herz-eiförmig, 30 cm groß, ganzrandig, glänzend grün, schwimmend bis aufrecht.
Blüte: Langgestielte Kugel, steht über dem Wasser, goldgelb, VI–VIII.
Frucht: Narbenscheibe flach, gelb.
Standort: Stehende oder schwach fließende Gewässer, 50–300 cm tief.
Lebensbereich: W,6,so-hs: Wasser; Schwimmblattpflanzen; sonnig bis halbschattig.
Verwendung: Für größere Wasserflächen, einzeln. Heilpflanze. 1 Pfl./m².
Vermehrung: Teilung der Rhizome im Frühling.
Hinweise: Üppig in kalkarmen Seen.

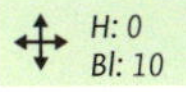

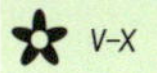

Nymphaea-Cultivars

Seerose
Nymphaeaceae, Seerosengewächse

Heimat: Züchtung.
Wuchs: Schwimmblättrige Wasserpflanze, armdicke Rhizome waagerecht.
Blatt: Herzförmig, 20 cm groß, oft gefleckt, ganzrandig, glänzend grün, schwimmend.
Blüte: 10–20 cm Durchmesser, weiß, gelb, rosa, rot, schließt sich am Nachmittag, schwimmt.
Frucht: Kugelig, Samen steril.
Standort: Stehende kalkarme Gewässer, 60–120 cm tief, sonnig.
Lebensbereich: W,6,so: Wasser; Schwimmblattpflanzen; sonnig. Winterschutz.
Verwendung: Für kleinere und größere Wasserflächen, einzeln. Schnittpflanze. 0,3–0,5 Pfl./m^2.
Vermehrung: Teilung.
Sorten: 'James Brydon', kirschrot (Bild); 'Laydekeri Purpurata', karminrot; 'Rosennymphe', rosa.

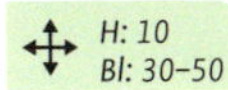

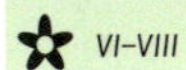

Oenothera fruticosa subsp. glauca

Rotstängelige Appalachen-Nachtkerze
Onagraceae, Nachtkerzengewächse

Heimat: N-Amerika.
Wuchs: Aufrecht, horstig.
Blatt: Spatelförmig, ganzrandig, grundständige Blattrosette, mattgrün, Triebe beblättert. Kontrastreich zur Blüte.
Blüte: Achsel- und endständig, 3–5 cm große Trichterblüten, hellgelb, Dauerblüher, VI–VIII.
Frucht: Hellbraune Kapseln.
Standort: Sonnige Plätze, durchlässige Böden.
Lebensbereich: Fr,2,so: Freifläche; frisch; sonnig.
Verwendung: Sonnige Wildstaudenflächen, die Sorten auch für Beete. Bienenweide. 11 Pfl./m^2.
Vermehrung: Teilung im Frühling.
Sorten: 'Fyrverkeri', 60 cm; 'Sonnenwende', 60–80 cm, dunkles Laub (Bild).

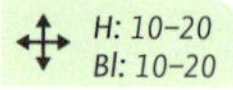
H: 10–20
Bl: 10–20

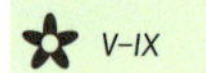
V–IX

I

Oenothera macrocarpa

Missouri-Nachtkerze
Onagraceae, Nachtkerzengewächse

Heimat: N-Amerika.
Wuchs: Niederliegend bis aufrecht, Triebe auch herabhängend, horstig, Rübenwurzel.
Blatt: Lanzettlich, ganzrandig, hellgrün.
Blüte: 10 cm große Trichterblüten, achselständig, hellgelb, Nachtblüher. Einzelblüte kurzlebig, aber es erscheinen eine Menge Blüten von V–IX.
Frucht: Hellbraune Kapseln geflügelt, bis 10 cm lang, zahlreiche braune Samen.
Standort: Sonnige Plätze in Verbindung mit Steinen, durchlässige Böden.
Lebensbereich: FS,1,so: Felssteppe; trocken; sonnig. Auch Mauerkronen, Steinanlagen.
Verwendung: Langblühende Steingartenpflanze. Benötigt Dränage. Bienenweide. 2–6 Pfl./m^2.
Vermehrung: Aussaat im Frühling. Stecklinge, IV.

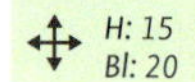
H: 15
Bl: 20

IV–V

II

Omphalodes cappadocica

Kaukasus-Gedenkemein
Boraginaceae, Boretschgewächse

Heimat: Kleinasien, W-Kaukaus.
Wuchs: Kissenförmig, horstig.
Blatt: Verkehrt-eiförmig, zugespitzt, ganzrandig mattgrün.
Blüte: In lockeren Trauben, himmelblau, IV–V.
Frucht: Kleine Nüsschen.
Standort: Kalkarme, humose Böden im Halbschatten.
Lebensbereich: GR,2,so-hs: Gehölzrand; frisch; sonnig bis halbschattig. Auch für Steinanlagen.
Verwendung: Steingärten, Frühlingsbeete, zu niederen Sträuchern. 25 Pfl./m^2.
Vermehrung: Teilung im Vorfrühling.
Sorten: 'Starry Eyes', blau-weiße Blüten.
Hinweise: In kalten Wintern Schutz erforderlich.

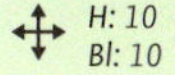 H: 10 Bl: 10

 IV–V

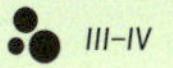 III–IV

Omphalodes verna

Frühlings-Gedenkemein
Boraginaceae, Boretschgewächse

Heimat: S-Europa.
Wuchs: Flach, ausläuferbildend.
Blatt: Herz-eiförmig zugespitzt, gestielt, ganzrandig, 8 cm lang, wechselständig, grün.
Blüte: In lockeren Trauben, himmelblau mit weißem Auge, IV–V.
Frucht: Kleine Nüsschen.
Standort: Kalkarme, humose Böden im Halbschatten.
Lebensbereich: GR,2,so-hs: Gehölzrand; frisch; sonnig bis halbschattig.
Verwendung: Frühlingsbeete, zu niederen Sträuchern, wichtiger Bodendecker. 16 Pfl./m^2.
Vermehrung: Teilung im Vorfrühling.
Sorten: 'Alba', weiße Blüten; 'Grandiflora', großblumiger als die Art.
Hinweise: Lange, oberirdische Ausläufer, kann schwache Pflanzenpartner verdrängen.

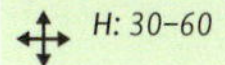 H: 30–60

 -

 II

Onoclea sensibilis

Perlfarn
Woodsiaceae, Wimperfarngewächse

Heimat: N-Amerika, O-Asien.
Wuchs: Aufrecht, locker, ausläuferbildend.
Blatt: Sterile Wedel gefiedert, hellgrün, im Herbst goldgelb, sterben nach dem ersten Frost ab. Fertile Wedel (Sporophylle) straff aufrecht, bis 50 cm hoch, mit perlschnurartigen Sporenträgern.
Standort: Feuchte, humose Plätze im Halbschatten.
Lebensbereich: Fr,3,hs: Freifläche; feucht; halbschattig. Dazu Gehölzrand, Wasserrand.
Verwendung: Stark saure Humusböden, zu anderen Moorbeetpflanzen. Blattschmuck. 6–11 Pfl./m^2.
Vermehrung: Teilung im Frühling.

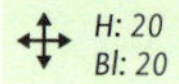
H: 20
Bl: 20

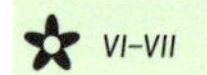
VI–VII

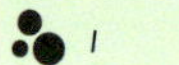
I

Opuntia phaeacantha

Feigenkaktus
Cactaceae, Kakteengewächse

Heimat: N-Amerika.
Wuchs: Niederliegend bis aufrecht, horstig. Sukkulente.
Blatt: Zu Dornen umgebildete, blattförmige Glieder, breitoval, dick, graugrün, mit gelben oder braunen Glochidien. Dornen bis 6 cm lang, abwärts gerichtet.
Blüte: 6–8 cm groß, gelb, mit orangefarbener Mitte, kurzlebig, VI–VII.
Frucht: Längliche Sammelfrucht, bedornt, rot, 4–5 cm lang, Samen flach.
Standort: Vollsonnige Plätze in Steinnähe.
Lebensbereich: FS,1,so: Felssteppe, trocken.
Verwendung: Für Geröllbeete. 11–25 Pfl./m^2.
Vermehrung: Glieder abtrennen und auf den Boden legen.
Sorten: 'Longispina', lange Dornen.
Hinweise: Winterschutz durch leichte Reisigdecke.

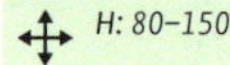
H: 80–150

-

I

Osmunda regalis

Königsfarn, Gewöhnlicher Rispenfarn
Osmundaceae, Königsfarngewächse

Heimat: Kosmopolit.
Wuchs: Locker aufrecht, horstig. Sie können sehr alt und mächtig werden.
Blatt: Doppelt gefiedert, Fiederchen oval, 4 cm lang, 1–2 cm breit, zart grün. Gelbe Herbstfärbung. Im oberen Teil fertiler Wedel (Sporophylle), braune Sporen ab VI.
Standort: Bruchwälder, feuchte Gräben, z. B. in Norddeutschland, meist absonnig.
Lebensbereich: G,3,so-sch: Gehölz; feucht; sonnig bis schattig. Auch Gehölz- und Wasserrand.
Verwendung: Einzeln in Moorgärten, Bachrändern, am Teichrand. Heilpflanze. 1 Pfl./m^2.
Vermehrung: Durch Sporen ab Anfang VI.
Sorten: 'Gracilis', 75 cm hoch, für kleinere Gärten.
Besonderes: Osmunda-Versteinerungen aus Karbonzeitalter sind bekannt.

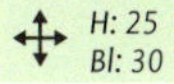
H: 25
Bl: 30

IV

IV–V

Pachysandra terminalis

Japanischer Ysander
Buxaceae, Buchsbaumgewächse

Heimat: Japan.
Wuchs: Flach, Triebe aufstrebend, gelbgrün, verholzend, bildet unterirdische Ausläufer.
Blatt: Rhombisch, grob gezähnt, 5–6 cm lang, gelbgrün, immergrün.
Blüte: Unscheinbar, über dem Laub, weißlich, IV.
Standort: Humusreiche, leicht saure Böden im Halbschatten.
Lebensbereich: G,2,hs: Gehölz; frisch; halbschattig. Auch für Gehölzrand.
Verwendung: In größeren Mengen als dichter Bodendecker in nicht zu schweren Böden. Blattschmuck. 11–25 Pfl./m^2.
Vermehrung: Teilung, Stecklinge, Wurzelschnittlinge im Winterhalbjahr.
Sorten: 'Green Carpet' (Bild), 15 cm; 'Variegata', weißgrünes Laub.
Hinweise: Enthält Alkaloide.

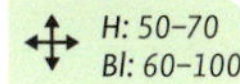
H: 50–70
Bl: 60–100

VI

I

Paeonia lactiflora

Edel-Päonie, Chinesische Pfingstrose
Paeoniaceae, Pfingstrosengewächse

Heimat: Züchtung, Art aus O-Asien.
Wuchs: Dichtbuschig, horstig. Braune, spindelförmige Wurzelknollen.
Blatt: Doppelt 3-zählig, glattrandig, glänzend, dunkelgrün, Austrieb rot.
Blüte: Am Stielende bis zu 20 cm Durchmesser. Je nach Sorte weiß, rosa, rot, einfach, halbgefüllt oder gefüllt blühend, VI.
Frucht: Balgfrucht mehrteilig, bis 5 cm lang. Samenkörner groß, schwarz, oft steril.
Standort: Rabatten in voller Sonne, gut in lehmig-humosen, nährstoffreichen Böden.
Lebensbereich: B,2,so: Beet; frisch; sonnig.
Verwendung: Einzeln oder in kleinen Gruppen. Schnittpflanze. 1–2 Pfl./m^2.
Vermehrung: Teilung im Herbst.
Sorten: 'Festiva Maxima', weiß gefüllt; 'Sarah Bernhard', rosa gefüllt; 'Bowl of Beauty' (Bild).

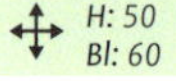
H: 50
Bl: 60

V–VI

I

Paeonia officinalis

Bauern-Pfingstrose
Paeoniaceae, Pfingstrosengewächse

Heimat: Frankreich, S-Alpen.
Wuchs: Dichtbuschig, horstig. Braune, spindelförmige Wurzelknollen.
Blatt: Doppelt 3-zählig, glattrandig, matt dunkelgrün.
Blüte: Am Stielende bis zu 15 cm groß, einfach blühend, rosa mit gelben Staubgefäßen, V–VI.
Frucht: Balgfrucht mehrteilig, bis 5 cm lang. Samenkörner groß, schwarz, giftig!
Standort: Rabatten in voller Sonne, gut in lehmig-humosen, nährstoffreichen Böden.
Lebensbereich: GR,2,so: Gehölzrand; frisch; sonnig, auch Freifläche.
Verwendung: Einzeln oder in kleinen Gruppen auf Rabatten. Schnittpflanze. 2 Pfl./m^2.
Vermehrung: Teilung der Horste im Herbst.
Sorten: 'Alba Plena', weiß gefüllt; 'Rubra Plena', rot gefüllt.

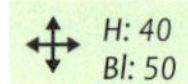
H: 40
Bl: 50

V

I

Paeonia tenuifolia

Netzblatt-Pfingstrose
Paeoniaceae, Pfingstrosengewächse

Heimat: SO-Europa, Kleinasien.
Wuchs: Dichtbuschig, horstig bis ausläufertreibend. Braune, spindelförmige Wurzelknollen.
Blatt: Mehrfach 3-zählig, fein geschlitzt, dunkelgrün.
Blüte: Am Stielende bis zu 6 cm Durchmesser, rot, einfach blühend, V.
Frucht: Balgfrucht mehrteilig, bis 3 cm lang.
Standort: Durchlässige Böden, Trockenwiesen.
Lebensbereich: SH,1,so: Steppenheide, trocken; sonnig. Auch für Felssteppe.
Verwendung: Einzeln oder in kleinen Gruppen. 2–4 Pfl./m^2.
Vermehrung: Teilung der Horste im Herbst.
Sorten: 'Plena', rot, gefüllt.
Hinweise: Pflanzung im Herbst, die Knospen sollen nur 3 cm mit Erde bedeckt sein.

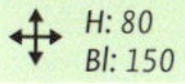
H: 80
Bl: 150

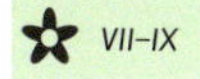
VII–IX

I

Panicum virgatum

Echte Rutenhirse
Poaceae, Süßgräser

Heimat: Mittleres und östliches N-Amerika.
Wuchs: Aufrecht, bogig überhängend, horstig.
Blatt: Schmal, bandförmig, grün, im Herbst gelb.
Blüte: Lockere Rispe steif aufrecht, VII–IX.
Frucht: Karyopsen klein.
Standort: Trockenwiesen in voller Sonne, durchlässige Böden.
Lebensbereich: Fr,1–2,so: Freifläche; frisch; sonnig.
Verwendung: Auflockerung von Wildstaudenpflanzungen. Schnittpflanze, Trockenbinderei. 2–3 Pfl./m^2.
Vermehrung: Teilung im Vorfrühling.
Sorten: 'Hänse Herms', 80 cm; 'Rehbraun', 100 cm (Bild); 'Rotstrahlbusch', 80 cm; alle sind standfester als die Art, rotes Herbstlaub.
Hinweise: Wirkungsvoll mit Raureif.

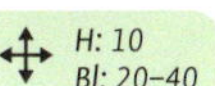
H: 10
Bl: 20–40

V–VIII

II

Papaver nudicaule

Island-Mohn
Papaveraceae, Mohngewächse

Heimat: Subarktische Gebiete Amerikas und Asiens.
Wuchs: Horstbildend.
Blatt: Fiederspaltig, bläulich grün.
Blüte: Schalenförmig, an blattlosem, behaarten Stängel über dem Laub, weiß, gelb, rot, Knospe nickend, V–VIII.
Frucht: Kapsel aufrecht, Streufrucht.
Standort: Durchlässige kalkarme Böden in voller Sonne.
Lebensbereich: Fr,2,so, -b: Freifläche; frisch; sonnig; beetstaudenähnlich. Steinanlagen.
Verwendung: Einzeln oder in kleinen Gruppen im Steingarten oder in der Rabatte. 11 Pfl./m^2.
Vermehrung: Aussaat im Vorfrühling.
Sorten: Eine Anzahl von Farbsorten für Schnitt, sind aber kurzlebig (meist 2-jährig). Große Variationsbreite.

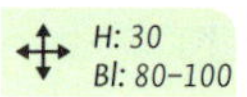
H: 30
Bl: 80–100

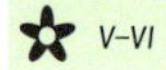
V–VI

I

Papaver orientale

Türkischer Mohn
Papaveraceae, Mohngewächse

Heimat: Kaukasus, Armenien, N-Iran.
Wuchs: Aufrecht bis bogig, horstartig. Zieht nach der Blüte ein. Lange fleischige Wurzeln.
Blatt: Fiederteilig, stark behaart, bis 50 cm lang, grün, Milchsaft führend, zieht ein.
Blüte: Bis 18 cm groß, schalenförmig, weiß, orange, rosa, rot, V–VI.
Frucht: Kapseln aufrecht mit feinen Samen.
Standort: Durchlässige, leichte und schwere Böden. Auch Beet.
Lebensbereich: Fr,2,so: Freifläche; frischer Boden; sonnig.
Verwendung: Einzeln auf Beeten und Wildstaudenpflanzungen in voller Sonne. Schnittpflanze (immer knospig schneiden). 1–2 Pfl./m^2.
Vermehrung: Wurzelschnittlinge im Winter, Teilung nach der Blüte.
Sorten: 'Catharina', lachs, 80 cm; 'Sturmfackel', feuerrot (Bild).

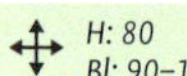
H: 80
Bl: 90–100

VIII–IX

I

Pennisetum alopecuroides

Japanisches Federborstengras
Poaceae, Süßgräser

Heimat: Korea, Japan, Philippinen.
Wuchs: Dichtbuschig, horstig.
Blatt: Schmal, bandförmig, im Herbst gelbbraun.
Blüte: Braune, borstige Ähren, 25 cm groß, an langen Stielen, VIII–IX.
Frucht: Borstige Karyopse, Samen werden bei uns selten reif.
Standort: Trocken und warme Plätze, nur durchlässige Böden.
Lebensbereich: Fr,1–2,so,-b: Freifläche; trocken bis frisch; sonnig; beetstaudenähnlich.
Verwendung: Einzeln oder in kleinen Gruppen in Beeten, Rabatten, an der Terrasse, in Stein- und Heidegärten. 1–2 Pfl./m^2.
Vermehrung: Teilung im April.
Sorten: 'Hameln', nur 60 cm hoch (Bild).
Hinweise: Pflanzen teilen, (IV) sobald Blühwilligkeit nachlässt.

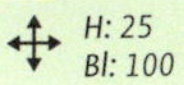
H: 25
Bl: 100

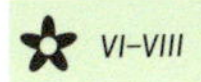
VI–VIII

III

Phlomis russeliana

Brandkraut
Lamiaceae, Taubnesselgewächse

Heimat: Kleinasien, Griechenland
Wuchs: Aufrecht, lockerhorstig, kurze Ausläufer treibend.
Blatt: Grundständig, eiförmig bis lanzettlich, gestielt, alle Teile drüsig behaart.
Blüte: Stiele 4-kantig, Blüten bis zu 20 in Quirlen, gelbe Lippenblüten, VI–VIII.
Frucht: Etagenartig, braun.
Standort: Durchlässige, auch magere Böden in voller Sonne.
Lebensbereich: Fr,1,so: Freifläche; trocken; sonnig. Auch Felssteppe, Gehölzrand.
Verwendung: Einzeln oder in Gruppen in Beeten, Rabatten und größeren Steingärten. Schnittpflanze, Trockenbinderei. Fruchtstand ziert im Winter. 6 Pfl./m^2.
Vermehrung: Teilung und Aussaat im Frühling.
Hinweise: Pflanze in strengen Wintern schützen.

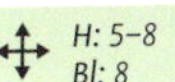
H: 5–8
Bl: 8

IV–V

I

Phlox douglasii

Teppich-Phlox
Polemoniaceae, Sperrkrautgewächse

Heimat: N-Amerika.
Wuchs: Dicht teppichartig, kriechend, teils wurzelnd.
Blatt: Nadelförmig, spitz, 2 cm lang, immergrün, Stiele dicht beblättert.
Blüte: 1–2 cm groß, 5-zählig, in dichten Doldentrauben, rosa oder rot - je nach Sorte, IV–V.
Frucht: Selten zu sehen.
Standort: Trockene Kalkböden in voller Sonne.
Lebensbereich: MK, St,1–2,so: Mauerkronen, Steinanlagen; trocken bis frisch; sonnig.
Verwendung: Für Steingärten und Mauern, Dachgärten, Tröge. 11–16 Pfl./m^2.
Vermehrung: Stecklinge im Winter.
Sorten: ‘Cracker Jack’, karminrot (Bild); ‘Iceberg’, weiß.
Hinweise: Besonders dichte Polster, oft grelle Blütenfarben.

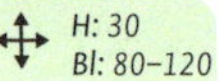

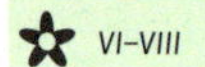

Phlox paniculata

Hohe Flammenblume, Stauden-Phlox
Polemoniaceae, Sperrkrautgewächse

Heimat: Züchtung.
Wuchs: Aufrecht, horstbildend.
Blatt: Gegenständig, breitlanzettlich, 8–10 cm lang, glattrandig, dunkelgrün.
Blüte: End- und achselständige Doldentrauben. Einzelblüte mit langer Blütenröhre, 2–3 cm groß, in vielen Farben von Weiß, Rosa, Rot, VI–VIII.
Frucht: Kugelige Kapsel.
Standort: Tiefgründige, nährstoffreiche Böden, sonnig.
Lebensbereich: B,2,so: Beet; frisch; sonnig.
Verwendung: Einzeln oder in Gruppen auf Beeten. 1–2 Pfl./m^2.
Vermehrung: Teilung im Frühling, Wurzelschnittlinge, I.
Sorten: 'Aida', rotviolett; 'Orange', orangerot; 'Württembergia', rosa mit Weiß (Bild).
Hinweise: Auf Mehltau und Nematoden achten.

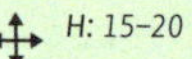

Phlox subulata

Polster-Phlox
Polemoniaceae, Sperrkrautgewächse

Heimat: Östliches N-Amerika.
Wuchs: Polsterartig, kriechend, teils wurzelnd.
Blatt: Nadelförmig, spitz, 2 cm lang, immergrün, Stiele dicht beblättert.
Blüte: 1–2 cm groß, 5-zählig, in dichten Doldentrauben, rosa, rot - je nach Sorte, IV–V.
Frucht: Selten zu sehen.
Standort: Durchlässige, trockene Kalkböden.
Lebensbereich: MK,1–2,so: Mauerkronen; trocken bis frisch; sonnig. Auch Felssteppe, Steinanlagen.
Verwendung: Für Steingärten und Mauern, Dachgärten, Tröge. 11–16 Pfl./m^2.
Vermehrung: Stecklinge, I.
Sorten: 'Atropurpurea', violettrot; 'Lindental', karminrosa; 'Temiscaming', rot; 'White Delight', weiß.
Hinweise: Dichte Blütenpolster.

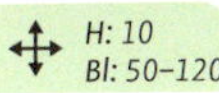

Physostegia virginiana

Gelenkblume
Lamiaceae, Taubnesselgewächse

Heimat: N-Amerika.
Wuchs: Aufrecht, rhizombildend.
Blatt: Lanzettlich, Rand gezähnt, an 4-kantigem Stängel, grün.
Blüte: Lippenblüte 2–3 cm lang, dunkelrosa, Einzelblüte lässt sich drehen; Blütenstand endständig, ährig, VIII–IX.
Frucht: Nüsschen.
Standort: Nicht zu trockene Plätze in voller Sonne, durchlässige Böden aller Art.
Lebensbereich: Fr,2–3,so: Freifläche; frisch bis feucht; sonnig. Auch für Beet.
Verwendung: In größeren Gruppen auf Rabatten. Schnittpflanze. 8–11 Pfl./m^2.
Vermehrung: Teilung, Stecklinge im Vorfrühling.
Sorten: 'Bouquet Rose', violettrot (Bild), 80 cm; 'Summer Snow', weiß, 90 cm; 'Vivid', weinrot, 60 cm.

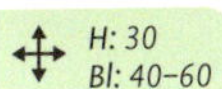

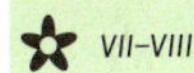

Platycodon grandiflorus

Großblütige Ballonblume
Campanulaceae, Glockenblumengewächse

Heimat: China, Japan, Mandschurei.
Wuchs: Aufrecht bis überhängend, horstig, Rübenwurzel.
Blatt: Eilanzettlich, gezähnt, bläulich grün, Stängel beblättert.
Blüte: Knospe ballonförmig, geöffnet breitglockig, bis 8 cm groß, tiefblau, VII–VIII.
Frucht: Kapsel braun, Samen schwarz.
Standort: Humose, durchlässige Böden.
Lebensbereich: Fr,2,so-hs: Freifläche; frisch; sonnig bis halbschattig. Auch für Gehölzrand.
Verwendung: Einzeln oder in kleinen Gruppen. 6–11 Pfl./m^2.
Vermehrung: Nur durch Samen vermehrbar. Ausaat im Frühling.
Sorten: 'Album', weiß; 'Apoyama', 20 cm, violettblau;'Mariesii', 40 cm, tiefblau; 'Perlmutterschale', rosa.

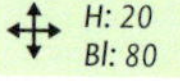
H: 20
Bl: 80

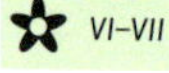
VI–VII

I

Polemonium caeruleum

Blaue Himmelsleiter, Jakobsleiter
Polemoniaceae, Sperrkrautgewächse

Heimat: Asien, Mitteleuropa.
Wuchs: Aufrecht, horstig.
Blatt: 1-fach, seltener doppelt gefiedert, grün.
Blüte: Schalenblüte 1–2 cm breit, in kopfigen Blütenständen, himmelblau, VI–VII.
Frucht: Unscheinbar.
Standort: Nährstoffreiche Wiesenböden der Berge, Hochstaudenfluren, meist sonnig.
Lebensbereich: Fr,3,so: Freifläche; feucht; sonnig. Auch für Gehölzrand.
Verwendung: Wildstaudenpflanzungen, schön vor Sträuchern, auch in feuchten Lagen. 4–6 Pfl./m^2.
Vermehrung: Aussaat, auch Teilung im Frühling.
Sorten: 'Album', 80 cm, weiß; 'Azuro', 30 cm, blau.
Weitere Arten: Weitere zwergige Arten für den Steingarten, u. a. *P.* × *richardsonii*, 40 cm.
Hinweise: Geschützte Wildpflanze.

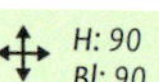
H: 90
Bl: 90

V–VI

II

Polygonatum × hybridum 'Weihenstephan'

Garten-Salomonsiegel
Asparagaceae, Spargelgewächse

Heimat: Züchtungen aus *P. multiflorum* × *P. odoratum.*
Wuchs: Aufrecht bis übergebogen, rhizombildend.
Blatt: Elliptisch, ganzrandig, grün, im Herbst gelb, zieht dann ein.
Blüte: Röhrenförmig, aus den Blattachseln entspringend, hängend, weiß, V–VI.
Frucht: Kugelige Beere, blau.
Standort: Halbschattige Lagen in humosen Böden.
Lebensbereich: GR,2,hs: Gehölzrand; frisch; halbschattig. Auch Gehölz.
Verwendung: Einzeln unter höheren Bäumen zwischen Bodendeckern. 4–6 Pfl./m^2.
Vermehrung: Teilung der Rhizome.

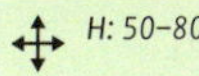 H: 50–80  -  I

Polystichum aculeatum

Dorniger Schildfarn, Gelappter Schildfarn
Dryopteridaceae, Wurmfarngewächse

Heimat: Europa, Asien.
Wuchs: Bogig ausladend, horstig.
Blatt: 2- bis 3-fach gefiedert, 20 cm breit, lanzettlich, glänzend grün, wintergrün, Wedel bilden einen Trichter. Sori unterseits, 2-reihig.
Standort: Steinige Hänge der Berge, geht bis zur Baumgrenze hinauf, Schattenhänge.
Lebensbereich: G,2,hs–abs: Gehölz; frisch; halbschattig bis absonnig. Auch Steinanlagen.
Verwendung: In humosen Böden zwischen immergrünen Gehölzen. 3–6 Pfl./m^2.
Vermehrung: Durch Sporen, diese reifen von VII–IX.
Weitere Arten: *P. lonchitis*, Lanzenfarn, steif, 60 cm hoch.
Hinweise: Wichtiger heimischer Freilandfarn.

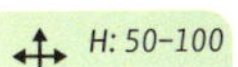 H: 50–100  -  I

Polystichum setiferum

Weicher Schildfarn, Borstiger Schildfarn
Dryopteridaceae, Wurmfarngewächse

Heimat: Europa.
Wuchs: Bogig ausladend, horstig.
Blatt: 2-fach gefiedert, 20 cm breit, schmallanzettlich, mattgrün, wintergrün. Unterseits dicht mit braunen Streuschuppen bedeckt. Wedel bilden einen Trichter, Sori klein, unterseits 2-reihig.
Standort: Schattenhänge der Berge, Urgesteinsböden der Laubmischwälder. Hohe Luftfeuchte.
Lebensbereich: G,2,hs: Gehölz; frisch; halbschattig. Auch für Gehölzrand.
Verwendung: In humosen Böden zwischen Gehölzen. 1–3 Pfl./m^2.
Vermehrung: Durch Sporen, diese reifen von VII–VIII.
Sorten: ‘Proliferum’, Schmaler Filigranfarn, Wedel 3-fach gefiedert, Brutknospen in den Fiederachseln (Bild).
Hinweise: Winterschutz durch Laubdecke.

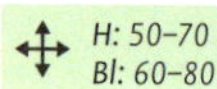

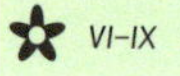

Pontederia cordata

Herzförmiges Hechtkraut
Pontederiaceae, Hechtkrautgewächse

Heimat: N-Amerika.
Wuchs: Aufrecht, kriechender Wurzelstock im Wasser.
Blatt: Herz-eiförmig, groß, glänzend grün, ganzrandig.
Blüte: In 10 cm langen Scheinähren über dem Laub, hellblau, reich blühend, VI–IX.
Frucht: Nuss.
Standort: Stehende Gewässer in wärmeren Gebieten, sonnige Lagen, nährstoffreiche Böden.
Lebensbereich: WR,5,so: Wasserrand; flaches Wasser; sonnig.
Verwendung: Einzeln oder in Gruppen am Rand von Teichen aller Art. Pflanztiefe bis -30 cm. 4 Pfl./m^2.
Vermehrung: Teilung der Rhizome im Frühling.
Hinweise: Winterschutz

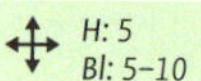

Potentilla tabernaemontani

Frühlings-Fingerkraut
Rosaceae, Rosengewächse

Heimat: Europa.
Wuchs: Mattenartig, kriechend.
Blatt: 5- bis 7-teilig, am Rand gezähnt.
Blüte: Schalenförmig, 5-teilig, in Doldentrauben, goldgelb, IV–V.
Frucht: Doldentraube.
Standort: Trockene, sonnig-warme Matten und Trockenrasen, felsige Plätze.
Lebensbereich: Fr,1,so: Freifläche; trocken; sonnig. Dazu Felssteppe, Steppenheide, Steinanlagen.
Verwendung: Flächig auf durchlässigen, sonnigen Kalkböden. Dachbegrünung. 16–25 Pfl./m^2.
Vermehrung: Teilung im Vorfrühling.
Sorten: 'Nana', nur 5 cm hoch, Mattenpflanze, gelb (Bild).

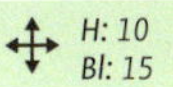 H: 10 Bl: 15 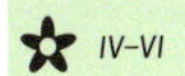 IV–VI  II

Primula auricula

Alpen-Aurikel
Primulaceae, Schlüsselblumengewächse

Heimat: Alpen, Karpaten.
Wuchs: Rosettenartig, horstig.
Blatt: Oval, dickfleischig, bis 15 cm lang, ganzrandig, gezähnt, weiß bemehlt, immergrün.
Blüte: Trichterblüte mit bemehltem Schlund, in dichter Doldentraube, gelb, IV–VI.
Frucht: Kugelige Kapsel.
Standort: Kalkmagerrasen, in Felsspalten der Kalkalpen, durchlässige Böden in sonniger Lage.
Lebensbereich: SF,2,so-hs: Steinfugen; frisch; sonnig bis halbschattig. Matten, Alpinum.
Verwendung: In Steingärten, Trockenmauern oder Trögen. Schnittpflanze. 16–25 Pfl./m^2.
Vermehrung: Teilung im Vorfrühling oder nach der Blüte.
Weitere Arten: *Primula × hortensis*, Garten-Aurikel, großblumig, 25 cm.
Hinweise: Geschützte Wildpflanze.

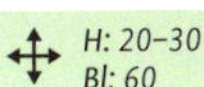 H: 20–30 Bl: 60  VI–VIII  II

Primula × bullesiana

Terrakotta-Etagen-Primel
Primulaceae, Schlüsselblumengewächse

Heimat: Züchtung.
Wuchs: Aufrecht, horstig.
Blatt: Spatelförmig, Rand doppelt gesägt, grün.
Blüte: Blütenstiel mit mehreren Etagen, quirlständig, Einzelblüte mit röhrigem Schlund, 5-teilig, verschiedene Pastelltöne: Gelb bis Rot und Violett, VI–VIII.
Frucht: Kugelig.
Standort: Humose Böden im Halbschatten.
Lebensbereich: GR,2–3,hs: Gehölzrand; frisch bis feucht; halbschattig. Auch für Freifläche, Wasserrand.
Verwendung: In Wassernähe, an sumpfigen Stellen. Schnittpflanze. 11 Pfl./m^2.
Vermehrung: Aussaat im Vorfrühling, auch Teilung.
Sorten: 'Ravenglass Vermilion', dunkelorangerot, dunkles Laub.

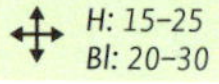
H: 15–25
Bl: 20–30

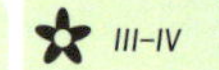
III–IV

I

Primula denticulata

Kugel-Primel
Primulaceae, Schlüsselblumengewächse

Heimat: Afghanistan bis China.
Wuchs: Aufrecht, horstig. Wuchshöhe/Blütenhöhe: 15–25/20–30 (später auch 50 cm).
Blatt: Spatelförmig, Rand gezähnt, bis 50 cm lang und 10 cm breit.
Blüte: Trichterblüten in kugeligem Blütenstand, violettrosa, III–IV.
Frucht: Kugelige Kapselfrüchte in halbkugeligem Fruchtstand, bis 50 cm hoch.
Standort: Humose, durchlässige Böden im lichten Schatten.
Lebensbereich: GR,2,so-hs: Gehölzrand; frisch; sonnig bis halbschattig. Auch Freifläche.
Verwendung: In kleinen Trupps, zu Märzenbecher und Blaustern. 11–16 Pfl./m^2.
Vermehrung: Aussaat, Teilung, Wurzelschnittlinge.
Sorten: 'Alba', weiß; 'Rubin', rot.

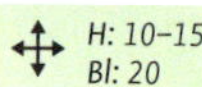
H: 10–15
Bl: 20

III–IV

III

Primula elatior

Hohe Schlüsselblume
Primulaceae, Schlüsselblumengewächse

Heimat: Europa bis Zentralasien.
Wuchs: Aufrecht, lockerhorstig.
Blatt: Eiförmig, gekerbt, grün.
Blüte: Trichterblüten in Doldentrauben, hellgelb, III–IV.
Frucht: Kugelige Kapsel in bleichen Hüllblättern.
Standort: Unter und zwischen Laubgehölzen in humosem Kalkboden.
Lebensbereich: G,2–3,so-hs: Gehölz; frisch bis feucht; sonnig bis halbschattig. Gehölzrand.
Verwendung: Wildstaudenbereiche unter spät austreibenden Laubgehölzen. Schnittpflanze. Heilpflanze. 11–25 Pfl./m^2.
Vermehrung: Teilung, Aussaat im Vorfrühling.
Sorten: Zahlreiche Sorten wurden gezüchtet. Sie halten sich nur kurz im Garten.

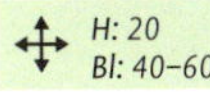
H: 20
Bl: 40–60

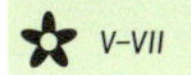
V–VII

II

Primula japonica

Japanische Etagen-Primel
Primulaceae, Schlüsselblumengewächse

Heimat: Japan.
Wuchs: Aufrecht, horstig.
Blatt: Spatelförmig, Rand gezähnt, grün.
Blüte: Blütenstiel mit mehreren Etagen, quirlständig, Einzelblüte mit röhrigem Schlund, 5-teilig, rotviolett, V–VII.
Frucht: Kugelige Kapsel.
Standort: Humose Gartenböden im Halbschatten, auch an Feuchtstellen.
Lebensbereich: GR,2–3,hs: Gehölzrand; frisch bis feucht; halbschattig. Auch Wasserrand.
Verwendung: In Wassernähe, an sumpfigen Stellen sowie vor Laubgehölzen. 8–11 Pfl./m^2.
Vermehrung: Aussaat im Vorfrühling, auch Teilung.
Hinweise: Kombination mit säureliebenden Stauden.

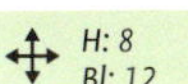
H: 8
Bl: 12

III–IV

III

Primula x pruhoniciana

Teppich-Primel
Primulaceae, Schlüsselblumengewächse

Heimat: Züchtung: *P. juliae* x *P. vulgaris*
Wuchs: Teppichartig, kriechend.
Blatt: Rundlich, gezähnt, grün.
Blüte: Einzelblüte mit röhrigem Schlund, 5-teilig, in verschiedenen Farbtönen von Weiß bis Rot und Violett, III–IV.
Frucht: Kugelige Kapsel.
Standort: Humose Gartenböden im Halbschatten.
Lebensbereich: GR,2,hs: Gehölzrand; frisch; halbschattig. Auch für Steinanlagen.
Verwendung: In größerer Anzahl unter lockeren Sträuchern, Steingärten. Bodendecker für nicht zu trockene Lagen. 25 Pfl./m^2.
Vermehrung: Aussaat im Vorfrühling, auch Teilung.
Sorten: 'Frühlingsfeuer', feuerrot; 'Helge', hellgelb; 'Schneewittchen', weiß.

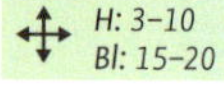
H: 3–10
Bl: 15–20

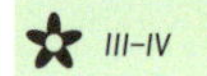
III–IV

II

Primula rosea

Rosen-Primel
Primulaceae, Schlüsselblumengewächse

Heimat: Afghanistan, Himalaja, Kaschmir.
Wuchs: Rosettig, horstig.
Blatt: Länglich-eiförmig, gezähnt, frischgrün.
Blüte: Vor dem Laub, am Ende einer vielblütigen Doldentraube, Einzelblüte mit röhrigem Schlund, 5-teilig, hellrot, III–IV.
Frucht: Kugelige Kapsel.
Standort: Feuchtstellen, humoser Boden.
Lebensbereich: WR,4,so-hs: Wasserrand; sumpfig; sonnig, halbschattig. Auch Freifläche.
Verwendung: In Wassernähe, an sumpfigen Stellen. Topftreiberei. 25–35 Pfl./m^2.
Vermehrung: Aussaat sofort nach der Samenreife, Teilung.
Sorten: 'Grandiflora', großblumig, violett, gute Schnittpflanze.
Hinweise: Kultur im Kasten mit humosem Boden. Folie zum Anstau von Wasser verwenden.

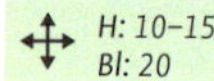
H: 10–15
Bl: 20

III–IV

III

Primula veris

Echte Schlüsselblume, Wiesen-Schlüsselblume
Primulaceae, Schlüsselblumengewächse

Heimat: Europa bis Zentralasien.
Wuchs: Aufrecht, lockerhorstig.
Blatt: Eiförmig, gezähnt, grün.
Blüte: Röhrenblüten in Doldentrauben, goldgelb, III–IV.
Frucht: Kugelige Kapsel in bleichen Hüllblättern.
Standort: Unter und zwischen Laubgehölzen auf humosem Kalkboden.
Lebensbereich: Fr,1–2,so-abs: Freifläche; trocken bis frisch; sonnig bis absonnig. Gehölzrand.
Verwendung: Wildstaudenbereiche, unter spät austreibenden Laubgehölzen. Heilpflanze. 11–25 Pfl./m^2.
Vermehrung: Teilung, Aussaat im Vorfrühling.
Hinweise: Giftige Pflanze. Höhepunkt vor der Laubentfaltung der Bäume in der Umgebung.

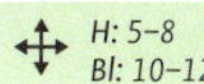 H: 5–8 Bl: 10–12  III–IV  III

Primula vulgaris

Stängellose Schlüsselblume
Primulaceae, Schlüsselblumengewächse

Heimat: Europa, Kaukasus.
Wuchs: Rosettig, lockerhorstig.
Blatt: Spatelig, gezähnt, grün.
Blüte: Trichterblüten in Doldentrauben, hellgelb, III–IV.
Frucht: Kugelige Kapsel in bleichen Hüllblättern.
Standort: Unter und zwischen Laubgehölzen in humosem Boden.
Lebensbereich: GR,2,hs: Gehölzrand; frisch; halbschattig. Auch Gehölz und Freifläche.
Verwendung: Wildstaudenbereiche unter spät austreibenden Laubgehölzen. 16–25 Pfl./m^2.
Vermehrung: Teilung, Aussaat im Vorfrühling.
Sorten: Großblütige Sorten (Züchtungen) in vielen Farben, werden im Spätherbst angeboten. Sie eignen sich für Schalen, Friedhof, Beete, Balkon und Zimmer. Blütezeit XII–IV.

H: 20 Bl: 30  V–IX  I–II

Pseudofumaria lutea

Gelber Scheinlerchensporn
Fumariaceae, Erdrauchgewächse

Heimat: S-Alpen bis zum Mittelmeer.
Wuchs: Buschig, lockerhorstig, zierlich mit gelbfleischigen Trieben.
Blatt: 3-fach gefiedert, wechselständig, hellgrün, wintergrün.
Blüte: Lippenförmig, in Trauben über dem Laub, gelb, V–IX.
Frucht: Nickende Frucht. Schwarze Samen werden bei der Reife ausgeschleudert und durch Ameisen verbreitet.
Standort: Anspruchslos, halbschattige Lagen.
Lebensbereich: SF,2–3,abs: Steinfugen; frisch bis feucht; absonnig. Auch Felssteppe und Gehölzrand.
Verwendung: Trockenmauern, Steingärten und pflegearme Standorte. 11–16 Pfl./m^2.
Vermehrung: Aussaat.
Hinweise: Herrlicher Dauerblüher.

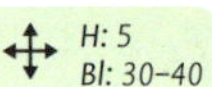
H: 5
Bl: 30–40

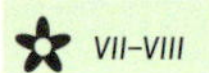
VII–VIII

II

Pseudolysimachion spicatum subsp. incanum

Graulaubiger Ähriger Blauweiderich
Scrophulariaceae, Braunwurzgewächse

Heimat: SO-Europa.
Wuchs: Niederliegend bis aufrecht, kriechend.
Blatt: Lanzettlich, graufilzig, gegenständig, bis 8 cm lang.
Blüte: In schmalen, dichten Ähren, leuchtend blau, VII–VIII.
Frucht: Kapsel.
Standort: Warme, trockene Lagen wie Trockenrasen, Schotterflächen und Dünen.
Lebensbereich: FS,1,so: Felssteppe; trocken; sonnig. Auch Steppenheide und Freifläche.
Verwendung: In kleineren Gruppen oder großflächig als Bodendecker, gut zu Rosen. 6–8 Pfl./m^2.
Vermehrung: Teilung im April.
Sorten: 'Silberteppich', blau, 25 cm.

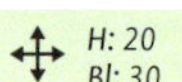
H: 20
Bl: 30

IV–V

III

Pulmonaria angustifolia

Schmalblättriges Lungenkraut
Boraginaceae, Borretschgewächse

Heimat: Mitteleuropa bis zum Kaukasus.
Wuchs: Kissenartig, horstig, kurze Ausläufer treibend.
Blatt: Lanzettlich, rau behaart, dunkelgrün, nicht gefleckt.
Blüte: Trichterförmig, in endständiger Wickeltraube, leuchtend blau, Knospe violett, IV–V.
Frucht: Kleine Nüsschen.
Standort: Humusreiche, auch feuchte Böden, in halbschattiger Lage.
Lebensbereich: G,2–3,hs: Gehölz; frisch bis feucht; halbschattig. Auch Gehölzrand.
Verwendung: Vor frühblühenden Gehölzen und zu Zwiebelblumen wie Narzissen. Eignet sich zum Treiben. 16 Pfl./m^2.
Vermehrung: Teilung, Aussaat im Vorfrühling.
Sorten: 'Azurea', enzianblau; *P. dacica* 'Munstead Blue', 30 cm, hellblau.

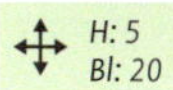
H: 5
Bl: 20

III–IV

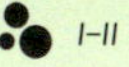
I–II

Pulsatilla vulgaris

Gewöhnliche Küchenschelle
Ranunculaceae, Hahnenfußgewächse

Heimat: Europa.
Wuchs: Buschig, horstig.
Blatt: Grundständig, behaart, fiederschnittig.
Blüte: Glockenförmig, ohne Kelch, einzeln, aufrecht bis nickend, violett, gelbe Staubgefäße.
Frucht: Nüsschen mit federigem Griffel, zu Büscheln vereint, sehr zierend.
Standort: Magere, sonnige Wiesen auf kalkhaltigen Böden.
Lebensbereich: SH,1,so: Steppenheide; trocken; sonnig. Auch Felssteppe und Steinanlagen.
Verwendung: Für Steingärten und durchlässige Kalkböden. 11 Pfl./m^2.
Vermehrung: Aussaat im Februar, Wurzelschnittlinge in I.
Sorten: 'Röde Klokke', tiefrot; 'Weißer Schwan', weiß.
Hinweise: Geschützte Wildpflanze.

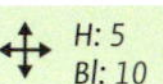
H: 5
Bl: 10

V–VI

II

Ramonda myconi

Felsenteller
Gesneriaceae, Gesneriengewächse

Heimat: Pyrenäen.
Wuchs: Rosettenartig, horstig.
Blatt: Eiförmig, runzelig, unterseits dichtfilzig behaart, immergrün.
Blüte: 5-teilig, 1- bis 7-blütige Doldentraube hell violettblau, V–VI.
Frucht: Kleine Kapsel.
Standort: Absonnige Seiten von Kalkfelsen. Auch in humusreichen Felsspalten. Längere Trockenperioden werden toleriert.
Lebensbereich: SF,2,abs: Steinfugen; frisch; absonnig.
Verwendung: Steingärten, aber nur auf der Schattenseite der Kalkfelsen. 11–16 Pfl./m^2.
Vermehrung: Aussaat im Vorfrühling, ferner durch Teilung und Blattstecklinge.
Hinweise: Ziert Felswände auch ohne Blüte durch die 20 cm breite Rosette. Selbstaussaat.

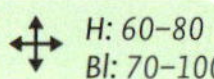
H: 60–80
Bl: 70–100

VI–VIII

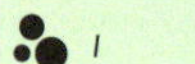
I

Ranunculus lingua

Zungen-Hahnenfuß
Ranunculaceae, Hahnenfußgewächse

Heimat: Europa, Sibirien.
Wuchs: Aufrecht, überhängend, ausläuferbildend.
Blatt: Lanzettlich, graugrün, kahl.
Blüte: Glänzend, bis 4 cm groß, goldgelb, VI–VIII.
Frucht: Sammel-Balgfrucht.
Standort: Am Rand von Wasserbecken, Teichen in voller Sonne.
Lebensbereich: WR,4–5,so-hs: Wasserrand; sumpfig bis flaches Wasser; sonnig bis halbschattig.
Verwendung: In kleinen Gruppen am Wasserrand, Pflanztiefe -30 bis -5 cm. 4 Pfl./m^2.
Vermehrung: Abtrennen der Ausläufer.
Sorten: 'Grandiflora', besonders großblütige Auslese.
Hinweise: Immer attraktiv.

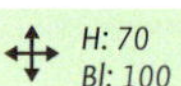
H: 70
Bl: 100

VI–VII

I

Rodgersia aesculifolia

Kastanien-Schaublatt
Saxifragaceae, Steinbrechgewächse

Heimat: Zentralchina.
Wuchs: Aufrecht, horstig, kurze Rhizome bildend.
Blatt: Bis 50 cm groß, im Umriss rund, aber 5- bis 7-teilig, ähnlich der Rosskastanie.
Blüte: Kleine Blütchen in dichter Rispe über dem Laub, weiß, VI–VII.
Frucht: Kleine Kapseln.
Standort: Humusreiche Waldböden im Halbschatten unter Bäumen.
Lebensbereich: G,2–3,hs: Gehölz; frisch bis feucht; halbschattig. Auch für Gehölzrand.
Verwendung: Einzeln zu Rhododendron und in Gesellschaft von Farnen. Blattschmuck. 1 Pfl./m^2.
Vermehrung: Teilung und Aussaat im Vorfrühling.
Weitere Arten: *R. podophylla*, Japan, zackigere, glänzende Blätter.
Hinweise: Mächtige Blattschmuckstaude.

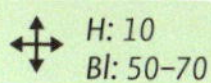
H: 10
Bl: 50–70

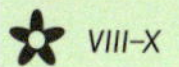
VIII–X

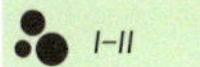
I–II

Rudbeckia fulgida var. sullivantii 'Goldsturm'

Glatter Sonnenhut, Prächtiger Sonnenhut
Asteraceae, Asterngewächse

Heimat: Die Art stammt aus N-Amerika. Züchtungen.
Wuchs: Dichtbuschig aufrecht, horstig.
Blatt: Bis 20 cm, herzförmig zugespitzt, Grundblätter dunkelgrün, Stängelblätter schmaler.
Blüte: Bis 12 cm breit, schwarzbraunes Köpfchen mit goldgelben Strahlenblüten, VIII–X.
Frucht: Kegelförmige Köpfchen.
Standort: Durchlässige, gute Gartenböden in voller Sonne.
Lebensbereich: B,2,so: Beet; frisch; sonnig. Auch Freifläche und Gehölzrand.
Verwendung: Auch in größeren Gruppen auf Beeten und Rabatten. Schnittpflanze, Trockenbinderei (Fruchtstände). 3–6 Pfl./m^2.
Vermehrung: Teilung.

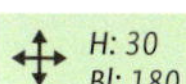
H: 30
Bl: 180

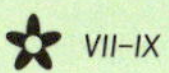
VII–IX

I

Rudbeckia laciniata

Schlitzblättriger Sonnenhut
Asteraceae, Asterngewächse

Heimat: N-Amerika.
Wuchs: Aufrecht, ausläuferbildend.
Blatt: Grundblätter 3- bis 5-teilig, kahl, hellgrün, Stängelblätter 3-teilig.
Blüte: Hellgelbe Strahlenblüten mit grüner Scheibe, VII–IX. Die Art wird kaum kultiviert.
Frucht: Kegelförmige Köpfchen.
Standort: Feuchte Plätze in voller Sonne, nährstoffreiche Böden.
Lebensbereich: Fr,2–3,so: Freifläche; frisch bis feucht; sonnig.
Verwendung: Einzeln oder in kleinen Gruppen. Bienenweide. 1–2 Pfl./m^2.
Vermehrung: Teilung im Vorfrühling.
Sorten: 'Goldball', goldgelb, gefüllt, wuchernd, 160 cm, reich blühend, häufig verwendet (Bild). 'Goldquelle', hellgelb, gefüllt, 70 cm, aufrecht.
Hinweise: Vor Schnecken schützen.

H: 30 Bl: 100 | VIII–IX | I

Rudbeckia nitida

Glänzender Sonnenhut, Fallschirm-Sonnenhut
Asteraceae, Asterngewächse

Heimat: N-Amerika.
Wuchs: Aufrecht, horstig.
Blatt: Grundblätter, glänzend, nicht geschlitzt, sondern breit-lanzettlich, gezähnt, hellgrün.
Blüte: Hängende Strahlenblüten mit grüner Scheibe, hellgelb, VIII- IX.
Frucht: Kegelförmige Köpfchen.
Standort: Nährstoffreiche Böden.
Lebensbereich: B,2–3,so: Beet; frisch; sonnig. Auch Freifläche und Wasserrand.
Verwendung: Einzeln oder in kleinen Gruppen. Bienenweide. Schnittpflanze, Trockenbinderei. 1 Pfl./m^2.
Vermehrung: Teilung im Vorfrühling.
Sorten: 'Herbstsonne', 180 cm, goldgelb, bis 12 cm groß, einfach, Zungenblüten hängend (Bild).
Hinweise: Vor Schnecken schützen.

H: 30 Bl: 40–50 | VI–VIII | II

Sagittaria sagittifolia

Gewöhnliches Pfeilkraut
Alismataceae, Froschlöffelgewächse

Heimat: Skandinavien, Russland, Sibirien.
Wuchs: Aufrecht, knolliger Wurzelstock, Ausläufer treibend.
Blatt: Pfeilförmig, lang gestielt, grün, im Herbst gelb.
Blüte: 3 Kronblätter, weiß, gelbe Staubblätter, in etagenförmigen Quirlen, VI–VIII.
Frucht: Kugelig.
Standort: Am Teichrand in schweren Böden in meist sonnigen Lagen.
Lebensbereich: WR,4–5,so-hs: Wasserrand; sumpfig bis flaches Wasser; sonnig bis halbschattig.
Verwendung: Wasserflächen aller Art, Pflanztiefe -40 bis -10 cm. 4–11 Pfl./m^2.
Vermehrung: Teilung, Abtrennen der Ausläufer.
Sorten: 'Plena', weiß gefüllte Blüten.
Hinweise: Selbstaussaat.

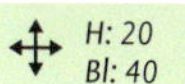
H: 20
Bl: 40

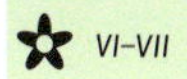
VI–VII

II

Salvia nemorosa

Steppen-Salbei
Lamiaceae, Taubnesselgewächse

Heimat: Europa, Kleinasien, Iran.
Wuchs: Straff aufrecht, horstig.
Blatt: Oval-lanzettlich, runzelig, kreuzgegenständig, mattgrün.
Blüte: Lippenblüten in dichten Ähren, violett, VI–VII.
Frucht: Nüsschen.
Standort: Magere, durchlässige Kalkböden.
Lebensbereich: Fr,2,so: Freifläche; frisch; sonnig. Auch Steppenheide.
Verwendung: In kleinen oder größeren Gruppen in Steppengärten und zu Rosen. 6–11 Pfl./m^2.
Vermehrung: Aussaat, Teilung im Vorfrühling, Stecklinge im Sommer.
Sorten: Gartenwürdiger und kompakter als die Art: 'Blauhügel', 40 cm, lavendelblau; 'Mainacht', 50 cm, schwarzblau (Bild); 'Ostfriesland', 40 cm, violett; 'Rügen', 40 cm, leuchtend blau.

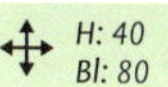
H: 40
Bl: 80

VI–VIII

I

Salvia pratensis subsp. haematodes

Remontierender Wiesen-Salbei
Lamiaceae, Taubnesselgewächse

Heimat: S-Europa.
Wuchs: Straff aufrecht, horstig.
Blatt: Ei-lanzettlich, runzelig, kreuzgegenständig, dunkelgrün, aromatisch duftend.
Blüte: Große Lippenblüten in dichten Ähren, hell lavendelblau, VI–VIII.
Frucht: Nüsschen.
Standort: Magere, durchlässige Kalkböden.
Lebensbereich: Fr,1,so: Freifläche; trocken; sonnig. Auch für Steppenheide.
Verwendung: Einzeln in Steppengärten und zu Strauchrosen. 2 Pfl./m^2.
Vermehrung: Aussaat, Teilung im Vorfrühling.
Sorten: 'Mittsommer', helllavendelblau, dicht blühend (Bild).
Hinweise: Vor Schnecken schützen.

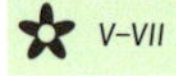
H: 10
Bl: 20

V–VII

I

Saponaria ocymoides

Rotes Seifenkraut, Kleines Seifenkraut
Caryophyllaceae, Nelkengewächse

Heimat: Gebirge SW-Europas.
Wuchs: Niederliegend, horstig, Polster bis 60 cm breit.
Blatt: Spatelig, gegenständig, an dünnen, gabelig verzweigten Stielen, grün.
Blüte: Klein, 5-zählig, in lockeren Trugdolden, karminrot, V–VII.
Frucht: Klein, becherartig, oft Selbstaussaat.
Standort: Trockene Kalkhänge und Geröllflächen in voller Sonne.
Lebensbereich: SF,1,so: Steinfugen; trocken; sonnig. Auch Mauerkronen, Steinanlagen.
Verwendung: Für Steingartenbereiche aller Art, Trockenmauern und Böschungen. 11 Pfl./m².
Vermehrung: Aussaat im Frühling, Sorten durch Stecklinge zur Blütezeit.
Sorten: 'Snow Tip', weiß; 'Rubra Compacta', rot.
Hinweise: Geschützte Wildpflanze.

H: 5
Bl: 15

IV–V

II

Saxifraga × arendsii

Moos-Steinbrech
Saxifragaceae, Steinbrechgewächse

Heimat: Züchtung, Arten aus N-Europa.
Wuchs: Kissenförmig, vieltriebige Rosettenpflanze, bildet moosartige Polster.
Blatt: Rosettenförmig angeordnet, fiederschnittig, immergrün.
Blüte: Schalenförmig, zu mehreren auf dünnen Stielen, karminrosa, IV–V.
Frucht: 2-fächrige Kapsel.
Standort: Humose Boden im Halbschatten.
Lebensbereich: St,2,abs: Steinanlagen; frisch; absonnig. Auch absonnige Mauerkronen.
Verwendung: Für Steingärten, Trockenmauern, Dachgärten, vor Gehölzen. 16–25 Pfl./m².
Vermehrung: Teilung, III.
Sorten: Meist Züchtungen aus S. *decipiens* und S. *hypnoides*.'Blütenteppich', rosa; 'Leuchtkäfer', rot; 'Schneeteppich', weiß; 'Schwefelblüte', gelb.
Hinweise: Nicht in der Sonne.

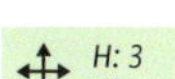 H: 3 Bl: 4  III–IV  I

Saxifraga × irvingii

Vorfrühlings-Steinbrech, Kabschia-Steinbrech
Saxifragaceae, Steinbrechgewächse

Heimat: Züchtung: *S. burseriana* × *S. lilacina*.
Wuchs: Kissenförmig, vieltriebige Rosettenpflanze, bildet moosartige Polster.
Blatt: Rosettenförmig angeordnet, nadelartig, graugrün, immergrün.
Blüte: Schalenförmig, fast sitzend, rosa, III–IV.
Frucht: 2-fächrige Kapsel.
Standort: Durchlässige Böden im Halbschatten. Ideal: Ostlagen.
Lebensbereich: A,2,abs: Alpinum; frisch; absonnig. Steinfugen.
Verwendung: Für alpine Steingärten, in Tuffsteinen und Trockenmauern, Gefäße. 50 Pfl./m^2.
Vermehrung: Rosettenstecklinge im Oktober.
Sorten: ‘Mother of Pearl’, zartrosa; ‘Walter Irving’, rosa (Bild).
Hinweise: Mit Topfballen pflanzen.

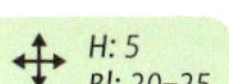 H: 5 Bl: 20–25  V–VI  I

Saxifraga paniculata

Rispen-Steinbrech, Trauben-Steinbrech
Saxifragaceae, Steinbrechgewächse

Heimat: Arktisch-alpine Art, Alpen, Kaukasus, N-Amerika.
Wuchs: Rosettenpolster, Nebenrosetten an kurzen Stolonen bildend.
Blatt: Zungenförmig bis spatelig, gezähnt, starr, bis 5 cm lang, graugrün, immergrün.
Blüte: Schalenblüte, 5-blättrig, an verzweigter Doldenrispe, weiß, V–VI.
Frucht: 2-fächrige Kapsel.
Standort: Sonnige Steinfugen oder im Geröll von Kalkfelsen.
Lebensbereich: SF,2,so-abs: Steinfugen; frisch; sonnig bis absonnig. Steinanlagen, Alpinum.
Verwendung: Einzeln oder in kleinen Gruppen im Steingarten. 16–32 Pfl./m^2.
Vermehrung: Teilung, Stecklinge.
Sorten: ‘Baldensis’, kleinrosettig, weiß. Viele Unterarten.

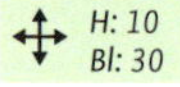 H: 10 Bl: 30 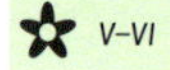 V–VI 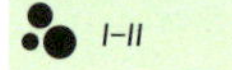 I–II

Saxifraga umbrosa

Porzellanblümchen, Schattenliebender Steinbrech
Saxifragaceae, Steinbrechgewächse

Heimat: Pyrenäen.
Wuchs: Rosettenartig, Nebenrosetten an kurzen Stolonen.
Blatt: Eiförmig, gekerbt, immergrün.
Blüte: Weiß mit roten Punkten an lockern Blütenrispen, V–VI.
Frucht: 2-fächrige Kapsel.
Standort: Schattige Wiesenhänge der Berge, meist auf Urgesteinsböden.
Lebensbereich: GR,2,abs: Gehölzrand; frisch; absonnig. Auch für Steinanlagen.
Verwendung: Als Bodendecker oder Einfassung für Schattenpartien. Reich blühend. 11–16 Pfl./m^2.
Vermehrung: Teilung der Polster.
Sorten: 'Clarence Elliot', rosa, 20 cm, für Gräber und Steingärten.
Weitere Arten: In den Gärten ist meist S. × *urbium* verbreitet, anspruchsloser, reicher blühend.

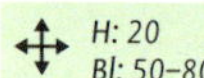 H: 20 Bl: 50–80  VII–IX  I

Scabiosa caucasica

Große Skabiose, Garten-Skabiose
Dipsacaceae, Kardengewächse

Heimat: Kaukasus. Züchtungen.
Wuchs: Aufrecht bis bogig, horstig.
Blatt: Grundblätter lanzettlich, graugrün, Stängelblätter fiederspaltig.
Blüte: Schalenförmige, bis 5 cm große Blütenköpfe, lang gestielt, violett, VII–IX.
Frucht: Köpfchen, Samen mit trockenhäutigem Pappus.
Standort: Wiesen mit kalkhaltigem Boden.
Lebensbereich: B,2,so: Beet; frisch; sonnig. Auch beetstaudenähnliche Freifläche.
Verwendung: Beet- und Rabattenstaude. Schnittpflanze. 6–8 Pfl./m^2.
Vermehrung: Teilung im Frühling, Stecklinge im Sommer.
Sorten: 'Blauer Atlas', violettblau; 'Miss Willmott, weiß; 'Nachtfalter', violettblau (Bild).
Hinweise: Rückschnitt nach der Blüte wichtig.

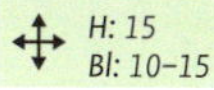
H: 15
Bl: 10–15

III–IV

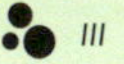
III

Scilla siberica

Sibirischer Blaustern
Hyacinthaceae, Hyazinthengewächse

Heimat: S-Russland, Kaukasus, Vorderasien.
Wuchs: Aufrecht, horstige Zwiebelpflanze.
Blatt: Breit-lineal mit kappenförmiger Spitze, grün, zieht nach der Blüte ein, 2- bis 4-blättrig.
Blüte: Mehrblütig, nickend, über dem Laub, azurblau, III–IV.
Frucht: Kugelig, enthält viele Samen.
Standort: Humose, durchlässige Kalkböden, meist in sonnigen Lagen unter spät austreibenden Gehölzen.
Lebensbereich: Fr,2,so: Freifläche; frisch; sonnig. Auch im Halbschatten.
Verwendung: In größeren Gruppen in halbschattiger Lage unter Laubgehölzen. Attraktiv zu Seidelbast und Christrose. 50–200 Pfl./m^2.
Vermehrung: Aussaat.
Sorten: 'Spring Beauty', dunkelblau, steril (Bild).

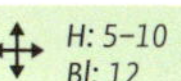
H: 5–10
Bl: 12

VI–VII

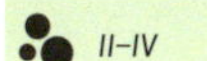
II–IV

Sedum album

Weißer Mauerpfeffer, Weiße Fetthenne
Crassulaceae, Dickblattgewächse

Heimat: Europa, Asien, N-Afrika.
Wuchs: Teppichartig, lockerrasig, Triebe dicht beblättert.
Blatt: Lineal, walzlich, dick, dunkelgrün oder rötlich.
Blüte: In Doldenrispen, weiß, VI–VII.
Frucht: 5-teilige Kapsel.
Standort: Durchlässige, nährstoffarme Stellen auf Mauern, Dächern und Felsen.
Lebensbereich: FS,1,so: Felssteppe; trocken, sonnig. Auch Matten und Mauerkronen.
Verwendung: Rasenersatz für sonnige Böschungen, Bodendecker für trockenste Lagen. Gräber, extensive Dachbegrünung. 25 Pfl./m^2.
Vermehrung: Teilung, auch Sprossenteilung.
Sorten: 'Coral Carpet', rot im Winter, sonst grün; 'Laconicum', üppig grün; 'Micranthum Chloroticum', klein, grün: 'Murale', braunrot.

H: 5–10
Bl: 20
VI–VII
II–V

Sedum floriferum 'Weihenstephaner Gold'

Gold-Fetthenne
Crassulaceae, Dickblattgewächse

Heimat: Die Art stammt aus NO-China. Züchtungen.
Wuchs: Niederliegend, teppichbildend, lockerrasig, horstig, Triebe dicht beblättert.
Blatt: Spatelförmig bis lanzettlich, Rand gekerbt, verdickt, immergrün.
Blüte: In Doldenrispen, goldgelb, VI–VII.
Frucht: 5-teilige Kapsel.
Standort: Durchlässige, nährstoffarme Stellen aller Art, in voller Sonne.
Lebensbereich: Fr,1–3,so: Freifläche; trocken bis feucht; sonnig. Auch Matten.
Verwendung: Rasenersatz und Bodendecker für sonnige Böschungen, extensive Dachbegrünung, Gräber. 16–25 Pfl./m^2.
Vermehrung: Teilung, auch Stecklinge.

H: 10
Bl: 15
VI–VIII
II–V

Sedum spurium

Kaukasus-Fettheme
Crassulaceae, Dickblattgewächse

Heimat: Armenien, Kaukasus, Iran.
Wuchs: Kriechend bis aufstrebend, teils wurzelnd.
Blatt: Rundlich, am Rand gekerbt, gegenständig, dunkelgrün, wintergrün.
Blüte: In Doldenrispen, sternförmig, rosa, VI–VIII.
Frucht: 5-teilige Kapsel.
Standort: Durchlässige, nährstoffarme Plätze, besonders auf Sandböden.
Lebensbereich: Fr,2,so: Freifläche; frisch, sonnig. Auch für Gehölzrand.
Verwendung: Rasenersatz und Bodendecker für sonnige Böschungen. Extensive Dachbegrünung, Gräber. 16 Pfl./m^2.
Vermehrung: Teilung, auch Sprossenteilung.
Sorten: 'Album Superbum', weiß; 'Fuldaglut', Blätter und Blüten rot; 'Tricolor', rot-weiß-grüne Blättchen.

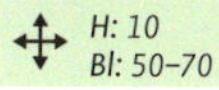
H: 10
Bl: 50–70

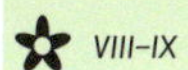
VIII–IX

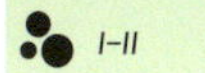
I–II

Sedum telephium 'Herbstfreude'

Hohe Fetthenne
Crassulaceae, Dickblattgewächse

Heimat: Die Art ist von Europa bis W-Asien beheimatet. Züchtung.
Wuchs: Aufrecht, horstig, Triebe beblättert.
Blatt: Eiförmig, bläulich grün, im Herbst gelb.
Blüte: Sternförmig, 6–8 mm groß, in dichten Doldenrispen, rostrot, VIII–IX.
Frucht: 5-teilige Kapsel. Braune Fruchtstände halten den ganzen Winter. Hoher Zierwert.
Standort: Durchlässige, nährstoffreiche Böden.
Lebensbereich: Fr,1,so,-b: Freifläche; trocken; sonnig; beetstaudenähnlich. Beet, Felssteppe.
Verwendung: Für sonnige Beete an Gebäuden, Terrassen, Sukkulentengärten. Schnittpflanze, Trockenbinderei. 3–4 Pfl./m^2.
Vermehrung: Teilung im Frühling.
Sorten: 'Matrona', rosa, Laub dunkel.

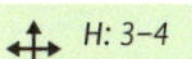
H: 3–4

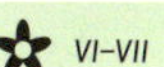
VI–VII

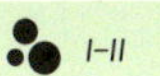
I–II

Sempervivum arachnoideum

Spinnweben-Hauswurz
Crassulaceae, Dickblattgewächse

Heimat: Alpen, Pyrenäen bis Karpaten.
Wuchs: Rosetten polsterförmig, viele Nebenrosetten bildend. Monocarp.
Blatt: Spitz-eiförmig, fleischig-sukkulent, in weißen, kugeligen Rosetten, 1 cm.
Blüte: Sternblüte in Trugdolden, VII–VIII.
Frucht: Sternartige Kapsel.
Standort: Urgesteinsfelsspalten.
Lebensbereich: SF,1,so: Steinfugen; trocken; sonnig. Auch Mauerkronen, Steinanlagen, Alpinum.
Verwendung: Für Steinfugen, vorwiegend Silikaktfelsen, Tröge. 50–100 Pfl./m^2.
Vermehrung: Teilung, Abtrennen der Tochterrosetten ganzjährig. Aussaat im Vorfrühling.
Sorten: 'Baby Boo', weiß; 'Rheinkiesel', rot, VI–VII.
Hinweise: Geschützte Wildpflanze.

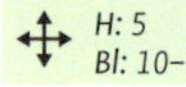
H: 5
Bl: 10–15

VI–VII

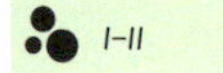
I–II

Sempervivum calcareum

Rotspitz-Hauswurz
Crassulaceae, Dickblattgewächse

Heimat: Französiche See-Alpen.
Wuchs: Rosetten polsterförmig, bilden Nebenrosetten. Monocarp.
Blatt: Spitz-eiförmig, sukkulent, in kugeligen, blaugrünen Rosetten, rötliche Spitze, 4 cm.
Blüte: Sternblüte in endständigen Trugdolden, blassrosa, VI–VII. Blüht selten.
Frucht: Sternartige Kapsel.
Standort: Durchlässige, magere Böden.
Lebensbereich: SF,1,so: Steinfugen; trocken; sonnig. Auch Mauerkronen, Steinanlagen, Alpinum.
Verwendung: Für Steinfugen, vorwiegend Kalkfelsen, Schalen, Tröge aller Art, Dächer. 25–45 Pfl./m^2.
Vermehrung: Teilung.
Sorten: 'Mrs. Giuseppi', kompakt (Bild); 'Sir William Lawrence'.
Hinweise: Geschützte Wildpflanze.

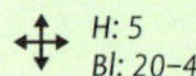
H: 5
Bl: 20–40

VI–VII

I

Sempervivum tectorum

Dach-Hauswurz
Crassulaceae, Dickblattgewächse

Heimat: Von den Pyrenäen über die Alpen bis zum Balkan.
Wuchs: Rosettenpolster, Nebenrosetten bildend. Nach der Samenreife stirbt die Rosette ab, Tochterrosetten füllen die Lücke.
Blatt: Spitz-eiförmig, sukkulent, in kugeligen, graugrünen Rosetten, 4–12 cm.
Blüte: Sternblüte in endständigen Trugdolden.
Frucht: Sternartige Kapsel, feine Samen.
Standort: Durchlässige, magere Böden.
Lebensbereich: SF,1,so: Steinfugen; trocken; sonnig. Auch Mauerkronen, Steinanlagen, Alpinum.
Verwendung: Für Steinfugen, vorwiegend Kalkfelsen, Schalen, Tröge aller Art. 25 Pfl./m^2.
Vermehrung: Teilung.
Sorten: 'Atropurpureum', Rosetten trüb rot, groß; 'Royanum', hellgrün; 'Triste', hechtgrau.
Hinweise: Geschützte Wildpflanze.

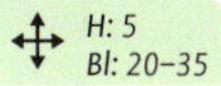
H: 5
Bl: 20–35

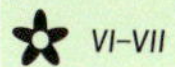
VI–VII

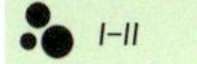
I–II

Sempervivum-Cultivars

Garten-Hauswurz, Steinrose
Crassulaceae, Dickblattgewächse

Heimat: Züchtung.
Wuchs: Rosettenpolster, Nebenrosetten bildend. Monocarp.
Blatt: Spitz-eiförmig, fleischig-sukkulent, in breiten Rosetten, 4–15 cm. Größe und Farbe je nach Sorte, variiert auch je nach Jahreszeit.
Blüte: Sternblüte, rosa, VI–VII.
Frucht: Sternartige Kapsel.
Standort: Durchlässige, nährstoffreiche Böden.
Lebensbereich: SF,1,so: Steinfugen; trocken; sonnig. Auch Mauerkronen, Steinanlagen.
Verwendung: Für Schalen und Tröge aller Art, Dachbegrünung. 25 Pfl./m^2.
Vermehrung: Teilung, Abtrennen der Tochterrosetten, Samen.
Sorten: 'Mount Hood', im Winter dunkelrot; 'Othello', violett; 'Reinhard', grün, mit braunen Spitzen; 'Tambora', Rosette 2 cm, rot mit Grün (Bild).

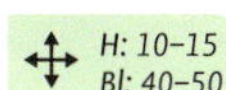
H: 10–15
Bl: 40–50

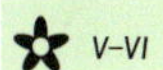
V–VI

II

Silene viscaria

Gewöhnliche Pechnelke
Caryophyllaceae, Nelkengewächse

Heimat: Europa, Kaukasus, W-Sibirien.
Wuchs: Aufrecht, horstig. Stängel mit Knoten, dort klebrig.
Blatt: Lineal-lanzettlich, wintergrün.
Blüte: In Büscheln am Ende der Stiele, violettrosa, V–VI.
Frucht: Kapsel.
Standort: Humusarme, durchlässige, saure Heideböden in voller Sonne.
Lebensbereich: Fr,1,so: Freifläche; trocken; sonnig. Auch Heide und Matten.
Verwendung: In kleinen Gruppen in Heidegärten, extensive Dachbegrünung. 11 Pfl./m^2.
Vermehrung: Teilung im Frühling, Aussaat.
Sorten: 'Plena', dunkelrosa, gefüllt (Bild). Schnittpflanze.
Unterarten: S. v. subsp. *atropurpurea*' Kugelblitz', violett, nur 20 cm hohes, dichtes Polster.

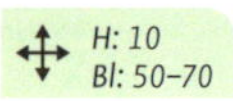

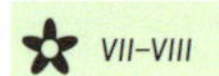

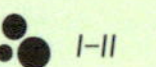

Solidago-Cultivars

Garten-Goldrute
Asteraceae, Asterngewächse

Heimat: Die Arten stammen aus N-Amerika. Züchtungen.
Wuchs: Aufrecht, horstig.
Blatt: Lanzettlich, gesägt, frischgrün.
Blüte: Klein, Körbchenblüten an dichten, endständigen Rispen, goldgelb, VII–VIII.
Frucht: Samen mit Pappus.
Standort: Sonnige, nährstoffreiche Gartenböden.
Lebensbereich: B,2,so: Beet; frisch; sonnig. Auch Freifläche.
Verwendung: Für Beete und Rabatten. Schnittpflanze, Bienenweide. 5 Pfl./m^2.
Vermehrung: Teilung im Frühling.
Sorten: 'Goldwedel', locker, gelb, 60 cm; 'Strahlenkrone', goldgelb, gedrungen, 70 cm.
Hinweise: Die Gartensorten sind anspruchsvoller als die Wildarten.

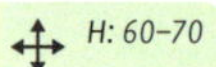

× Solidaster luteus

Goldrutenaster
Asteraceae, Asterngewächse

Heimat: Gattungsbastard zwischen *Solidago Aster ptarmicoides* und einer *Solidago*-Art.
Wuchs: Aufrecht, bogig überhängend, horstig.
Blatt: Schmal-lineal, grün, Stiel beblättert.
Blüte: Kleine Körbchenblüten in reichverzweigten Sträußen, hellgelb, VII–IX.
Frucht: Kleine Körbchen. Samen mit Pappus.
Standort: Durchlässige Böden in voller Sonne.
Lebensbereich: Fr,1,so: Freifläche; trocken; sonnig. Auch für Steppenheide.
Verwendung: Schnittpflanze. Bienenweide. 6–8 Pfl./m^2.
Vermehrung: Teilung und Stecklinge.
Hinweise: Fällt auseinander, daher Stütze notwendig.

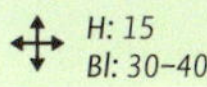
H: 15
Bl: 30–40

VII–IX

III–V

Stachys byzantina

Woll-Ziest
Lamiaceae, Taubnesselgewächse

Heimat: Krim, Kaukasus bis N-Iran.
Wuchs: Flach, Blütenstiele aufrecht.
Blatt: Eiförmig, gestielt, dicht graufilzig behaart, wintergrün.
Blüte: Kleine Lippenblüten, wenig auffällig, quirlständig, rosa, VII–IX.
Frucht: Kleine Nüsschen.
Standort: Durchlässige Böden in voller Sonne, verträgt keine Staunässe.
Lebensbereich: FS,1,so: Felssteppe, trocken, sonnig. Auch für Freifläche.
Verwendung: Wichtiger Bodendecker für trockene Lagen. Bienenweide. 11 Pfl./m^2.
Vermehrung: Teilung im Vorfrühling.
Sorten: 'Silver Carpet', blüht wenig, daher idealer Bodendecker für große Flächen.
Hinweise: Blütenstiele nicht standfest, Polster leiden.

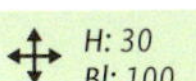
H: 30
Bl: 100

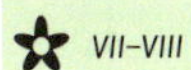
VII–VIII

I

Stipa barbata

Reiher-Federgras
Poaceae, Süßgräser

Heimat: Östliches Mitteleuropa.
Wuchs: Überhängend, horstig.
Blatt: Grasartig, graugrün, wintergrün.
Blüte: Behaarte Grannen, 40 cm lang, im Wind waagerecht abstehend, VII–VIII.
Frucht: Karyopse, 2 cm lang, mit nadelfeiner Spitze.
Standort: Durchlässige Kalkböden in voller Sonne, wärmeliebende Steppenpflanze.
Lebensbereich: SH,1,so: Steppenheide; trocken; sonnig. Auch für Felssteppe.
Verwendung: Einzeln oder in kleinen Gruppen in steppenartigen Pflanzungen, Böschungen, Schnittpflanze. Trockenbinderei (vor der Fruchtreife schneiden). 2–3 Pfl./m^2.
Vermehrung: Aussaat im Frühling oder nach der Fruchtreife. Samen bohrt sich in die Erde.

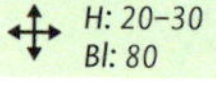

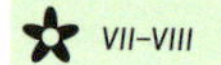

Stipa capillata

Haar-Federgras, Haar-Pfriemengras
Poaceae, Süßgräser

Heimat: S-Europa bis Sibirien.
Wuchs: Aufrecht bis bogig, lockerhorstig.
Blatt: Grasartig, schmal, grau, immergrün.
Blüte: Unbehaarte, nur bis 20 cm lange Grannen, hellbraun, in Blütenrispen, VII- VIII.
Frucht: Karyopse klein, schmal, bleibt länger an der Rispe.
Standort: Durchlässige, magere Böden.
Lebensbereich: SH,1,so: Steppenheide; trocken; sonnig. Auch für Felssteppe.
Verwendung: Einzeln oder in kleinen Gruppen in Böschungen, Dächer, Steingärten. Schnittpflanze, Trockenbinderei (vor der Reife schneiden). 11 Pfl./m^2.
Vermehrung: Aussaat nach der Samenreife oder im Frühling.
Weitere Arten: S. *gigantea*, Riesenfedergras, 200 cm, Solitärstaude, goldene Grannen.

H: 30
Bl: 60

Stipa pennata

Echtes Federgras, Mädchenhaargras
Poaceae, Süßgräser

Heimat: Mittel- und Südeuropa.
Wuchs: Überhängend, horstig.
Blatt: Grasartig, grün, wintergrün, Unterseite glatt.
Blüte: Behaarte Grannen, 20 cm lang, im Wind waagerecht abstehend, VI–VII.
Frucht: Karyopse, 1 cm lang, mit nadelfeiner Spitze.
Standort: Durchlässige Böden in voller Sonne, Steppenpflanze.
Lebensbereich: SH,1,so: Steppenheide; trocken; sonnig. Auch für Felssteppe.
Verwendung: Einzeln oder in Gruppen in steppenartigen Pflanzungen, Böschungen. Schnittpflanze. Trockenbinderei (vor der Fruchtreife ernten). 3–6 Pfl./m^2.
Vermehrung: Aussaat im Frühling.

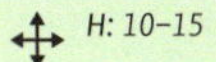 H: 10–15 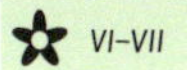 VI–VII  I

Stratiodes aloides

Krebsschere, Wasseraloe
Hydrocharitaceae, Froschbissgewächse

Heimat: Mitteleuropa bis zum Kaukasus.
Wuchs: Rosettige Schwimmpflanze, auch submers. Bildet Ausläufer.
Blatt: 15–45 cm lang, lineal-lanzettlich, steif, am Rand bestachelt, mattgrün. Trichterförmige Rosette im Winter untergetaucht, im Sommer halb aus dem Wasser ragend.
Blüte: Zweihäusig, 3 weiße Kronblätter, wenig auffällig, VI–VII.
Frucht: Selten.
Standort: Stehende oder schwach fließende, kalkfreie Gewässer in meist sonniger Lage.
Lebensbereich: W,8,so-hs: Wasser; freischwimmende Pflanzen; sonnig bis halbschattig.
Verwendung: Für Teiche. 5–8 Pfl./m^2.
Vermehrung: Abtrennen der dünnen Ausläufer.
Besonderes: Die Rosette bildet im Wasser lange Wurzeln, mit Überwinterungsknospen.

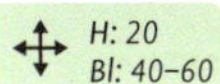 H: 20 Bl: 40–60  V–VI  I

Tanacetum coccineum

Bunte Margerite
Asteraceae, Asterngewächse

Heimat: Armenien, Iran, Kaukasus.
Wuchs: Aufrecht, lockerhorstig.
Blatt: Doppelt fiederschnittig, grün.
Blüte: Körbchen mit rosafarbenen Zungenblüten an langem Stiel, bis 8 cm breit, V- VI.
Frucht: Körbchen.
Standort: Bergwiesen in voller Sonne, nährstoffreiche, lehmig-humose Böden.
Lebensbereich: Fr,2,so: Freifläche; frisch; sonnig.
Verwendung: Einzeln oder in kleinen Gruppen, auch auf Rabatten. Schnittpflanze. 6–11 Pfl./m^2.
Vermehrung: Teilung im Frühling, sonst kurzlebig.
Sorten: Anspruchsvoller als die Art sind: 'Alfred', rot gefüllt; 'Eileen May Robinson', rosa; 'Regent', rot.

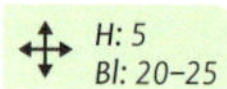
H: 5
Bl: 20–25

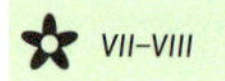
VII–VIII

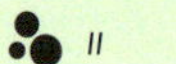
II

Teucrium chamaedrys

Breitblättriger Edel-Gamander
Lamiaceae, Taubnesselgewächse

Heimat: Mittel- und Südeuropa, Kaukasus.
Wuchs: Flach, ausläufertreibender Halbstrauch, Blütenstiele aufrecht.
Blatt: Gegenständig, eirund, klein, Rand gekerbt, sommergrün, weich behaart.
Blüte: In einseitswendiger Scheintraube, rosa, VII–VIII.
Frucht: Nüsschen.
Standort: Durchlässige Kalkböden in sonniger Lage.
Lebensbereich: SH,1–2,so: Steppenheide; trocken bis frisch; sonnig. Auch für Steinfugen.
Verwendung: Vollsonnige Böschungen und Geröllhänge mit Steppenheidecharakter. Dachbegrünung. Heilpflanze. 11–16 Pfl./m^2.
Vermehrung: Teilung im Frühling.
Sorten: 'Nana', nur 10 cm hoch.
Hinweise: Sehr anspruchslos.

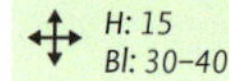
H: 15
Bl: 30–40

VII–VIII

II

Teucrium massiliense

Duftender Gamander
Lamiaceae, Taubnesselgewächse

Heimat: Westliches Mittelmeergebiet, Kreta.
Wuchs: Buschig, Halbstrauch, horstig.
Blatt: Gegenständig, eirund, klein, Rand gekerbt, immmergrün.
Blüte: In einseitswendiger Scheintraube, violettrosa, VII–VIII.
Frucht: Nüsschen.
Standort: Durchlässige Kalkböden in sonniger Lage.
Lebensbereich: FH,1–2,so: Felssteppe; trocken bis frisch; sonnig. Auch Steppenheide, Freifläche.
Verwendung: Vollsonnige Böschungen und Geröllhänge mit Steppenheidecharakter. Dachbegrünung, Grabstätten, niedrige Einfassungen. 11–16 Pfl./m^2.
Vermehrung: Teilung im Frühling, Stecklinge im Sommer, Aussaat.
Hinweise: Laub kann in strengen Wintern leiden.

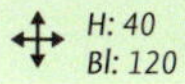
H: 40
Bl: 120

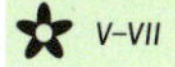
V–VII

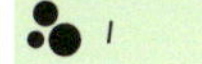
I

Thalictrum aquilegifolium

Akeleiblättrige Wiesenraute, Amstelraute
Ranunculaceae, Hahnenfußgewächse

Heimat: Europa, Japan, Sibirien.
Wuchs: Aufrecht, horstig.
Blatt: Zweifach 3-teilig gelappt, akeleiähnlich, grün.
Blüte: In endständiger Doldenrispe, Blütenblätter fehlen, Staubblätter lilarosa, stark entwickelt, daher in der Erscheinung flauschig, V–VII.
Frucht: Kleine Balgfrucht.
Standort: Humose, durchlässige Böden in Bergwiesen, Waldrand, leicht beschattet.
Lebensbereich: Fr,2–3,so-abs: Freifläche; frisch bis feucht; sonnig bis absonnig. Gehölzrand.
Verwendung: Einzeln am Gehölzrand in mehr sauren Böden. Schnittpflanze. 4 Pfl./m^2.
Vermehrung: Aussaat und Teilung im Frühling.
Sorten: 'Album' weiß; 'Atropurpureum', violett.

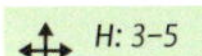
H: 3–5

VI–VII

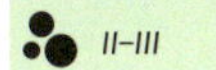
II–III

Thymus praecox subsp. britannicus

Filziger Thymian, Wolliger Thymian
Lamiaceae, Lippenblütler

Heimat: W-Europa.
Wuchs: Mattenartig kriechend und teilweise wurzelnd.
Blatt: Oval, 3 mm lang, dicht behaart, mattgrau, immergrün.
Blüte: Lippenblütchen, rosa, selten, VI–VII.
Frucht: Nüsschen, werden selten ausgebildet.
Standort: Leichte, durchlässige und humusarme Plätze in voller Sonne, wärmeliebend.
Lebensbereich: FS,1,so: Felssteppe; trocken; sonnig. Auch Steppenheide und Steinanlagen.
Verwendung: Mattenbildner für sonnige Böschungen, Steingärten und Trockenmauern. 16 Pfl./m^2.
Vermehrung: Teilung des Polsters im Frühling.
Hinweise: Laub kann in strengen Wintern leiden.

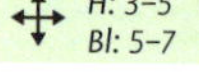
H: 3–5
Bl: 5–7

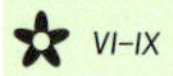
VI–IX

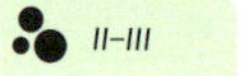
II–III

Thymus serpyllum

Sand-Thymian, Quendel
Lamiaceae, Lippenblütler

Heimat: Europa.
Wuchs: Mattenartig kriechend, teilweise wurzelnd, am Grunde verholzt.
Blatt: Oval, 3–5 mm lang, dicht behaart, immergrün.
Blüte: Lippenblütchen in mehrblütigen Scheinquirlen, violettrosa, VI–IX.
Frucht: Nüsschen.
Standort: Leichte, durchlässige, humus- und kalkarme Plätze in voller Sonne.
Lebensbereich: FS,1,so: Felssteppe; trocken; sonnig. Auch Matten, Heide und Steinanlagen.
Verwendung: Mattenbildner für sonnige Böschungen, Steingärten, Trockenmauern und extensive Dachbegrünung, attraktiv zusammen mit kleinen Zwiebelgewächsen. 16 Pfl./m^2.
Vermehrung: Teilung der Polster im Frühling.
Sorten: 'Albus', weiß; 'Coccineus', karmesinrot.

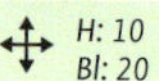
H: 10
Bl: 20

V–VI

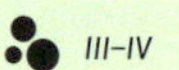
III–IV

Tiarella cordifolia

Herzblättrige Schaumblüte
Saxifragaceae, Steinbrechgewächse

Heimat: Östliches N-Amerika.
Wuchs: Flächig, kriechend, teilweise wurzelnd.
Blatt: Herzförmig, 5- bis 7-teilig gelappt, grün, behaart, braunrotes Herbstlaub.
Blüte: In aufrechten Trauben über dem Laub, Einzelblüte sternförmig, weiß, V–VI.
Frucht: 2-klappige Kapseln.
Standort: Humusreiche, kalkarme Böden.
Lebensbereich: G,2,hs-sch: Gehölz; frisch; halbschattig bis schattig. Auch Gehölzrand.
Verwendung: Als Flächendecker unter Rhododendron und Gehölzen mit ähnlichen Ansprüchen. 16 Pfl./m^2.
Vermehrung: Teilung im Vorfrühling.
Sorten: 'Moorgrün', grün; 'Purpurea', Laub violett.
Weitere Arten: *T. wherryi*, ohne Ausläufer, Laub braun gefleckt.

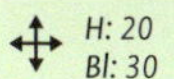
H: 20
Bl: 30

IV–V

II

Trillium sessile

Braune Dreizipfellilie
Trilliaceae, Dreiblattgewächse

Heimat: Östliches N-Amerika.
Wuchs: Aufrecht, horstig. Zieht nach der Blüte ein. Kurze Rhizome.
Blatt: Eiförmig zugespitzt, sitzend, immer 3 zusammen, grün mit braunen Flecken.
Blüte: 3 braunrote Petalen aufrecht, umgeben von 3 grünlichen Sepalen, IV–V.
Frucht: Rötliche Beere.
Standort: Humusreiche Laubwälder, frische, oft sogar feuchte, saure Böden.
Lebensbereich: G,2,hs-sch: Gehölz; frisch; halbschattig bis schattig. Auch für Gehölzrand.
Verwendung: Einzeln oder in kleinen Gruppen zu Moorbeetpflanzen. 16 Pfl./m^2.
Vermehrung: Teilung und Aussaat schwierig.
Weitere Arten: Angeboten werden auch andere Arten mit verschiedenen Blütenfarben.
Hinweise: Rarität.

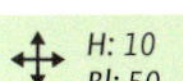
H: 10
Bl: 50

V–VI

II

Trollius europaeus

Europäische Trollblume
Ranunculaceae, Hahnenfußgewächse

Heimat: Europa, Kaukasus.
Wuchs: Aufrecht, horstig.
Blatt: Grundständig, am Stängel handförmig geteilt, fiederartig eingeschnitten.
Blüte: Einzeln am Ende des Stieles, hellgelb, kugelig, gelbe Staub- und Honigblätter, V–VI.
Frucht: Vielsamige Balgkapseln.
Standort: Feuchte, kalkarme Wiesen der Berge, meist sonnig.
Lebensbereich: Fr,3,so: Freifläche; feucht; sonnig. Auch Wasserrand, sumpfig.
Verwendung: Feuchte bis nasse Plätze in kleineren Gruppen. 8 Pfl./m^2.
Vermehrung: Teilung im Frühling, Aussaat sofort nach der Ernte (Schwerkeimer).
Sorten: 'Superbus', zitronengelb, 60 cm. Schnittpflanze, Bienenweide.
Hinweise: Giftig! Geschützte Wildpflanze.

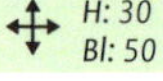

Tulipa gesneriana

Garten-Tulpe
Liliaceae, Liliengewächse

Heimat: SW-Asien, Zentralasien. Züchtungen.
Wuchs: Aufrechte, horstbildende Zwiebelpflanze. Zieht nach der Blüte ein.
Blatt: Breit-lanzettlich zugespitzt, ganzrandig.
Blüte: Klassifizierung: 1. Einfache Frühe Tulpen; 2. Gefüllte Frühe Tulpen; 3. Triumph-Tulpen (Bild: 'Innuendo'); 4. Darwin-Hybrid-Tulpen; 5. Einfache Späte Tulpen; 6. Lilienblütige Tulpen; 7. Gefranste Tulpen; 8. Viridiflora-Tulpen; 9. Rembrandt-Tulpen; 10. Papagei-Tulpen; 11. Gefüllte Späte Tulpen; 12. Kaufmanniana-Tulpen; 13. Fosteriana-Tulpen; 14. Greigii-Tulpen; 15. Sonstige Tulpen.
Frucht: 3-klappige Kapsel.
Standort: Durchlässige Böden in sonnigen Lagen.
Lebensbereich: B,2,so: Beet; frisch; sonnig.
Verwendung: Für Beete und Rabatten. 11 Pfl./m^2.
Hinweise: Geschützte Wildpflanze.

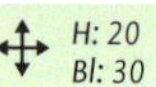

Tulipa greigii

Gestreifte Wild-Tulpe
Liliaceae, Liliengewächse

Heimat: Die Art stammt aus Zentralasien (Tian-Shan-Gebirge). Züchtungen.
Wuchs: Aufrechte, horstbildende Zwiebelpflanze. Zieht nach der Blüte ein.
Blatt: Breit-lanzettlich zugespitzt, ganzrandig, graugrün, stark braungefleckt.
Blüte: Leuchtend rot mit schwarzgelbem Schlundfleck, geöffnet bis 10 cm, IV–V.
Frucht: 3-klappige Kapsel.
Standort: Durchlässige Böden der Bergwiesenhänge.
Lebensbereich: Fr,2,so: Freifläche; frisch; sonnig.
Verwendung: In kleinen Gruppen in Beeten und Rabatten sowie Steingärten. 11 Pfl./m^2.
Vermehrung: Brutzwiebeln.
Sorten: Züchtungen in vielen Farben (Bild: 'Rotkäppchen').
Hinweise: Geschützte Wildpflanze.

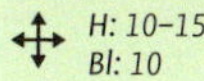
H: 10–15
Bl: 10

IV

II

Tulipa tarda

Späte Wild-Tulpe
Liliaceae, Liliengewächse

Heimat: Zentralasien, Tien Shan-Gebirge.
Wuchs: Aufrecht, horstige Zwiebelpflanze. Zieht nach der Blüte ein.
Blatt: Lineal, 2 cm breit, bläulich grün, zu mehreren eine Rosette bildend.
Blüte: Sternförmig, weiß mit gelber Mitte, mehrblütig, IV.
Frucht: 3-klappige Kapsel.
Standort: Warme Lagen in voller Sonne.
Lebensbereich: St,2,so: Steinanlagen; frisch; sonnig.
Verwendung: Durchlässige Böden in Steingärten. 16–25 Pfl./m^2.
Vermehrung: Brutzwiebel.
Hinweise: Zwiebel nur 2–3 cm groß. Geschützte Wildpflanze.

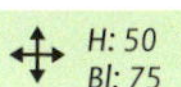
H: 50
Bl: 75

V–VI

II

Typha minima

Zwerg-Rohrkolben
Typhaceae, Rohrkolbengewächse

Heimat: Europa, W-Asien bis zum Kaukasus.
Wuchs: Aufrecht, locker, ausläufertreibende Sumpfpflanze.
Blatt: Sehr schmal, bandförmig, mattgrün.
Blüte: Weibliche Blütenkolben 3–4 cm lang, 1,5–2 cm dick, kastanienbraun; oberhalb davon befinden sich die männlichen Blüten, grüngelb, unscheinbar, V–VI.
Frucht: Kolben, dunkelbraun.
Standort: Am Rande von stehenden Gewässern. Schwere Böden.
Lebensbereich: WR,4,so: Wasserrand; sumpfig; sonnig. Auch Freifläche.
Verwendung: Für kleinere Wasserflächen bis –10 cm Tiefe. Auch für Tröge, Trockenbinderei. 6–11 Pfl./m^2.
Vermehrung: Abtrennen der Ausläufer im Frühling.

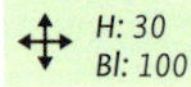
H: 30
Bl: 100

VII–VIII

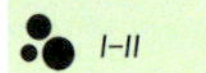
I–II

Verbascum nigrum

Schwarze Königskerze
Scrophulariaceae, Braunwurzgewächse

Heimat: Europa, Sibirien.
Wuchs: Straff aufrecht, horstig.
Blatt: Herzförmig, lang gestielt, 20 cm lang, unterseits graufilzig.
Blüte: Dunkelgelb mit violetten Staubgefäßen, in Blattachseln der Blütenähren, VII–VIII.
Frucht: Rundliche Kapsel.
Standort: Durchlässige, nährstoffreiche Böden in voller Sonne.
Lebensbereich: Fr,1,so: Freifläche; trocken; sonnig. Auch Steppenheide.
Verwendung: Für größere Naturgärten, Wildstaudenpflanzungen an trockenen Plätzen. 3–4 Pfl./m^2.
Vermehrung: Aussaat im Frühling.
Sorten: 'Album', weiß.
Hinweise: Sehr vitale Staude, Elternteil vieler Sorten.

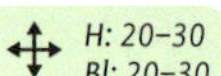
H: 20–30
Bl: 20–30

V–VIII

II

Veronica beccabunga

Bachbungen-Ehrenpreis
Scrophulariaceae, Braunwurzgewächse

Heimat: Asien, Europa, N-Afrika.
Wuchs: Niederliegend, kriechend, an den Knoten wurzelnd, Blütentriebe aufrecht.
Blatt: Elliptisch bis rund, gegenständig, 4 cm lang, glänzend grün, kerbig gezähnt.
Blüte: 10–30 Stück in den Blattachseln der Blütentrauben, dunkelblau, V–VIII.
Frucht: Nüsschen.
Standort: Bachränder, Quellfluren, humose Schlammböden, meist sonnig.
Lebensbereich: WR,4,so-hs: Wasserrand; sumpfig; sonnig bis halbschattig. Auch Freifläche.
Verwendung: Uferzonen stehender und langsam fließender Gewässer, auch für Kaltwasser-Aquarien. 5–8 Pfl./m^2.
Vermehrung: Abtrennen der bewurzelten Ausläufer einfach.
Besonderes: Heilpflanze.

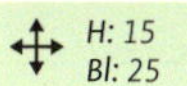
H: 15
Bl: 25

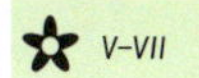
V–VII

II

Veronica teucrium

Großer Ehrenpreis
Plantaginaceae, Wegerichgewächse

Heimat: Europa bis Sibirien.
Wuchs: Aufrecht, horstig.
Blatt: Eiförmig, gegenständig, am Rand gekerbt, 2–7 cm lang.
Blüte: An langen Blütentrauben, blau mit dunklen Nerven, V–VII.
Frucht: Kapsel.
Standort: Durchlässige, trockene Standorte auf kalkhaltigen Böden.
Lebensbereich: Fr,2,so: Freifläche; frisch; sonnig. Auch für Steppenheide, Felssteppe.
Verwendung: Einzeln oder in Gruppen im Naturgarten oder in Rabatten. 11 Pfl./m^2.
Vermehrung: Teilung im Frühling.
Sorten: 'Kapitän', enzianblau; 'Knallblau', 25 cm, tiefblau.

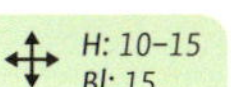
H: 10–15
Bl: 15

IV–V

III–V

Vinca minor

Kleines Immergrün
Apocynaceae, Hundsgiftgewächse

Heimat: Europa, Kaukasus.
Wuchs: Niederliegend, kriechend, am Grunde verholzend.
Blatt: Breit-lanzettlich, glänzend grün, gegenständig, immergrün, 3–4 cm lang.
Blüte: Mit trichterförmiger Röhre, hellblau, IV–V.
Frucht: Früchte werden nicht ausgebildet.
Standort: Unter und vor Gehölzen in humosem Boden.
Lebensbereich: G,2,hs-sch: Gehölz; frisch; halbschattig bis schattig. Auch Gehölzrand.
Verwendung: Als dichter, strapazierbarer Bodendecker, auch für trockenere Lagen und Grabstätten. Heilpflanze. 16 Pfl./m^2.
Vermehrung: Teilung im Frühling.
Sorten: 'Alba', weiß; 'Atropurpurea', rot; 'Bowles', dunkelblau; 'Gertrude Jekyll', weiß.

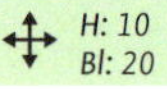
H: 10
Bl: 20

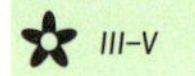
III–V

II

Viola cornuta

Horn-Veilchen, Pyrenäen-Stiefmütterchen
Violaceae, Veilchengewächse

Heimat: Die Art stammt aus den Pyrenäen. Züchtung.
Wuchs: Niederliegend bis aufrecht, kriechend.
Blatt: Oval, am Rand gekerbt, grün, wintergrün.
Blüte: Leuchtend blau-violett, 1- bis 2-blütig, stiefmütterchenartig, III–V.
Frucht: 3-teilige Kapsel, Samen mit Elaiosom.
Standort: Nährstoffreiche Gartenböden.
Lebensbereich: GR,2,so,-b: Gehölzrand; frisch; sonnig; beetstaudenähnlich. Freifläche.
Verwendung: In kleineren Gruppen auf Beeten und Rabatten zu Vorfrühlingsblühern und für Grabstätten. 16 Pfl./m^2.
Vermehrung: Aussaat, VII.
Sorten: 'Altona', hellgelb; 'Angerland', hellblau; 'Hansa', dunkelviolett; 'Martin', violett; 'Sorbet Purple Duet' (Bild).

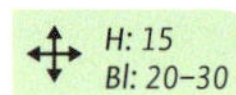
H: 15
Bl: 20–30

IV–VI

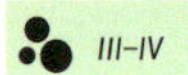
III–IV

Waldsteinia geoides

Golderdbeere, Ungarwurz
Rosaceae, Rosengewächse

Heimat: Östliches Mitteleuropa bis Ukraine.
Wuchs: Kissenartig, horstig.
Blatt: Herz-nierenförmig, 3- bis 5-teilig, tief gezähnt, hellgrün, wintergrün.
Blüte: Zu 5 bis 9 an einem Stängel, 1,5 cm groß, gelb, IV–VI.
Frucht: Sammelfrucht, selten.
Standort: Frische, meist schattige Bereiche in Gehölznähe, humusreiche Böden.
Lebensbereich: G,1–2,hs-sch: Gehölz; trocken bis frisch; halbschattig bis schattig. Gehölzrand.
Verwendung: Als Bodendecker für größere Flächen nicht ideal, weil horstig wachsend. Attraktiv zu *Brunnera* und anderen blaublütigen Stauden. 16 Pfl./m^2.
Vermehrung: Teilung im Vorfrühling.

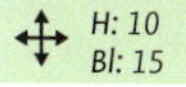
H: 10
Bl: 15

IV–V

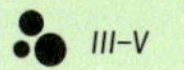
III–V

Waldsteinia ternata

Dreiblättrige Waldsteinie
Rosaceae, Rosengewächse

Heimat: Karpaten, Sibirien bis Sachalin, Japan.
Wuchs: Flach ausgebreitet, kriechend, teils wurzelnd.
Blatt: 3-teilig, tief gezähnt, glänzend dunkelgrün, wintergrün.
Blüte: Schalenblüte 2 cm groß, in lockeren Trugdolden, goldgelb, IV–V.
Frucht: Sammelfrucht, selten.
Standort: Frische, meist schattige Bereiche in Gehölznähe, humusreiche Böden.
Lebensbereich: G,2,hs-sch: Gehölz; frisch; halbschattig bis schattig. Gehölzrand.
Verwendung: Als Teppichbildner für größere Flächen ideal, auch für Grabstätten. 16 Pfl./m^2.
Vermehrung: Teilung im Vorfrühling.
Hinweise: Kann unter starker Wintersonneneinstrahlung leiden.

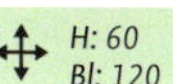
H: 60
Bl: 120

VII–VIII

I

Yucca filamentosa

Fädige Palmlilie
Asparagaceae, Spargelgewächse

Heimat: Südliches und östliches N-Amerika.
Wuchs: Aufrecht, horstig, fast stammlos, verholzter Grundstamm unterirdisch.
Blatt: Schmal, bandartig, matt blaugrün, immergrün, harte Spitze.
Blüte: Glockenförmig, hängend, an langer, verzweigter Rispe, weiß, VII–VIII.
Frucht: Kapsel, Bestäuber fehlt.
Standort: Warme, sonnige Plätze auf gut dränierten Böden. Staunässe vermeiden.
Lebensbereich: FS,1,so,-b: Felssteppe; trocken; sonnig; beetstaudenähnlich. Freifläche.
Verwendung: Einzeln oder in kleinen Gruppen vor Südwänden, in Kies- und Schotterbeeten. 1–2 Pfl./m^2.
Vermehrung: Teilung langwierig, Samen vom Heimatstandort oder künstlicher Bestäubung.
Sorten: 'Glockenbusch', 60–80 cm.

Service

Lebensbereiche nach SIEBER (überarbeitet von H. GÖTZ)

so: sonniger Standort
abs: absonniger Standort
hs: halbschattiger Standort
sch: schattiger Standort

Lebensbereich Beet/Rabatte – B

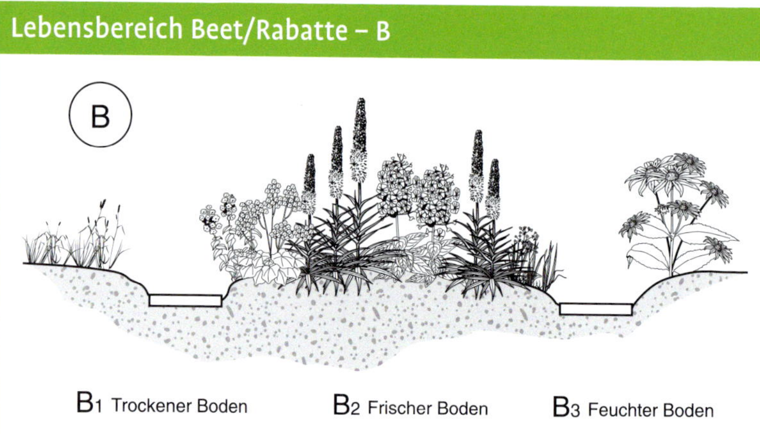

Für die am häufigsten anzutreffende Standortsituation im Garten, **dem Beet (B)**, gibt es eine große Zahl herrlicher Stauden mit stattlichem Habitus und prachtvollen Blüten. Sie benötigen einen **humosen, nährstoffreichen Boden, dessen Oberfläche regelmäßig gelockert wird.** Leitstauden übernehmen in diesem Lebensbereich eine dominierende Funktion, sie werden durch Begleitstauden ergänzt.

Beetstaudenähnliche Stauden aller Lebensbereiche, -b

In allen Lebensbereichen gibt es Stauden mit **beetstaudenähnlichem** Charakter, die meist durch ihre stattliche Erscheinung, den üppigen Wuchs und durch auffällige Blüten wirkungsvoller und anspruchsvoller sind. Um sie zu kennzeichnen, wird der Lebensbereichskennzeichnung **ein -b hinzugefügt.**

Lebensbereich Gehölzrand – GR,1-3

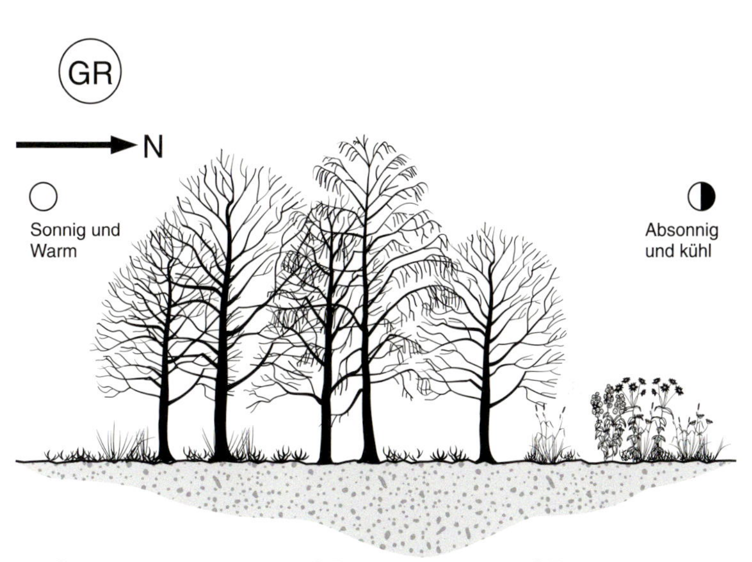

Am Rande von Baum- und Strauchgruppen, vielfach in gutem, humosem Boden, finden zahlreiche Stauden optimale Standortverhältnisse. Zu beachten ist, dass einige Arten mehr den offenen, sonnigen, warmen, südseitigen Gehölzrand bevorzugen und andere den kühlen, halbschattigen, nordseitigen oder den wechselschattigen Gehölzrand bevorzugen. Der Boden dieser Standorte ist **trocken (GR,1), frisch (GR,2) oder feucht (GR,3).** Vergleichbare Standortverhältnisse findet man im Bereich von Mauern und Hauswänden. Dort entfällt die Wurzelwirkung konkurrierender Gehölze.

Lebensbereich Gehölz – G,1-3

Im lichten Schatten oder Halbschatten meist unter locker aufgepflanzenten Bäumen, gedeihen viele Waldstauden sehr gut. Sie stehen in enger Beziehung zu den Gehölzen und beleben diesen Bereich durch ihre Wuchsformen und Blüten. Die verrottenden Blätter der Bäume sorgen für den erforderlichen humosen Boden und sollten nicht entfernt wrden. Je nach Standort der Gehölzgruppen unterscheidet man **Stauden für trockenen Boden (G,1), für frischen Boden (G,2) sowie für feuchten Boden (G,3).**

Lebensbereich Freifläche – Fr,1-3

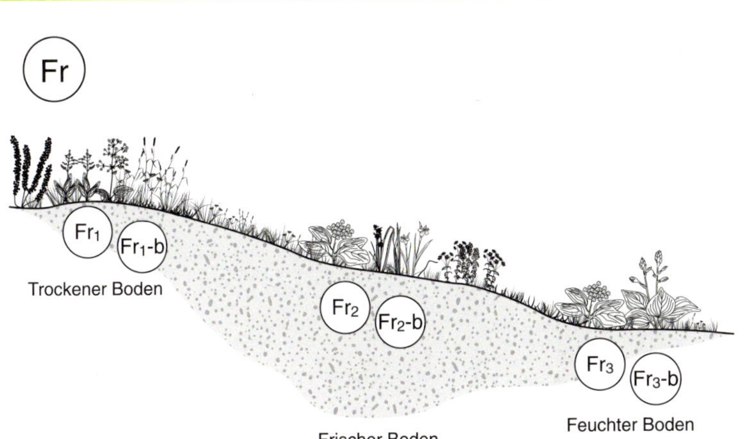

Außerhalb der Standorte von Bäumen und Sträuchern, auf freien, sonnigen Flächen gibt es vielfältige Situationen, in denen Stauden günstige Lebensbedingungen finden. Je nach Feuchtegehalt oder Wasserhaltekraft des Bodens werden unterschieden: **Stauden für trockene, durchlässige Böden – oft auch Hanglagen – (Fr,1), für normale, frische Böden (FR,2) oder für feuchte Böden (Fr,3).** Zu dem Lebensbereich Freifläche werden auch die Steppenheide und Heide gerechnet. Die **Steppenheide (SH)** zeichnet sich durch trockene, kalkhaltige Böden und warme, sonnenseits geneigte Standorte aus. Als **Heide (H)** werden nährstoffarme, bodensaure, sandige Flächen bezeichnet. Bei den Heiden werden trockene Böden (H,1), frische Böden (H,2) und feuchte Böden (H,3) unterschieden.

Lebensbereich Freifläche, Steppenheide – SH

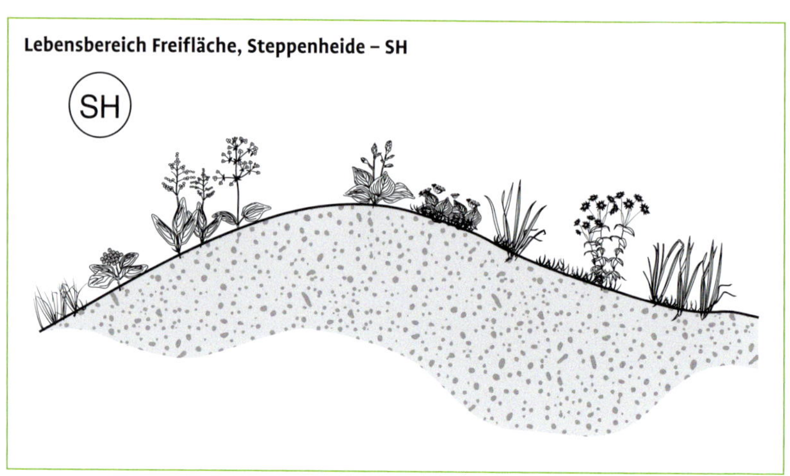

Lebensbereich Freifläche, Heide – H

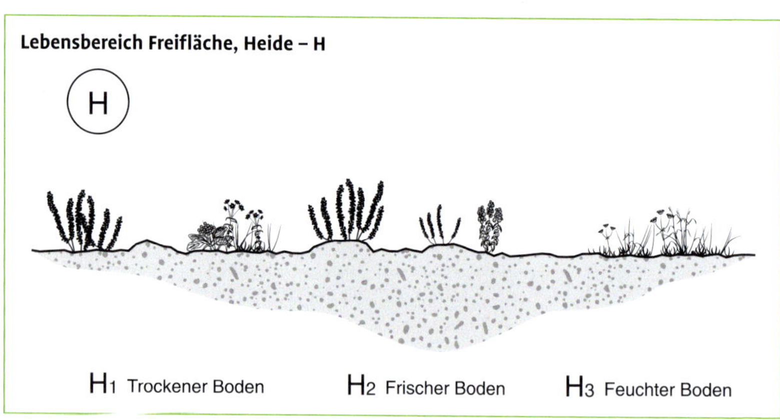

Lebensbereich Steinanlagen, Tröge und Troggärten – St

Lebensbereich Steinanlagen, Fels-Steppen – FS

Viele Stauden fühlen sich im Bereich der Steine wohl. Manche sind nässeempfindlich und wachsen deshalb am besten in einem **von Kies bzw. Felsbrocken durchsetzten Boden, den Fels-Steppen (FS).** Andere gedeihen selbst in flachen Bodenschichten über Fels oder größeren Steinanlagen, den **Felsmatten (M).** Einige Pflanzen dieses Lebensbereichs eignen sich für **Mauerkronen (MK)** oder können in **Steinfugen (SF)** gepflanzt werden. **Bei Mauerkronen (MK) und Steinfugen (SF) werden trockene Böden (SF,1 bzw. MK,1), frische Böden (SF,2 bzw. MK2) und feuchte Böden (SF,3 bzw. MK,3) unterschieden.**

Lebensbereich Steinanlagen, Felsmatten – M

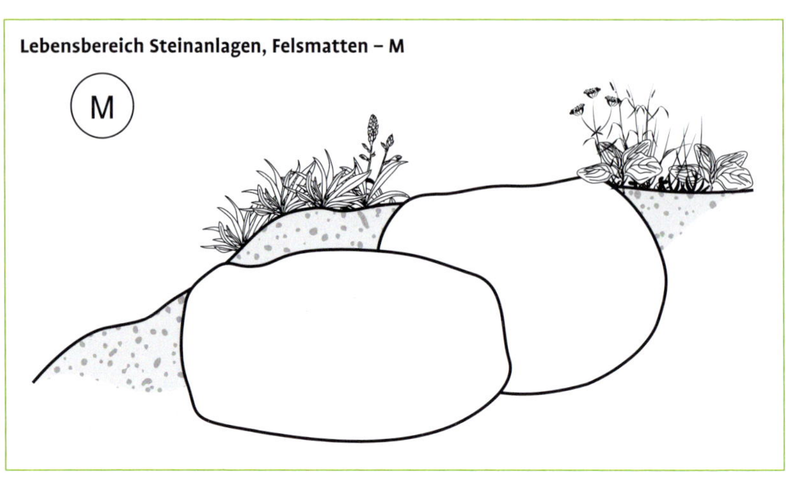

Lebensbereich Steinanlagen, Mauerkronen – MK

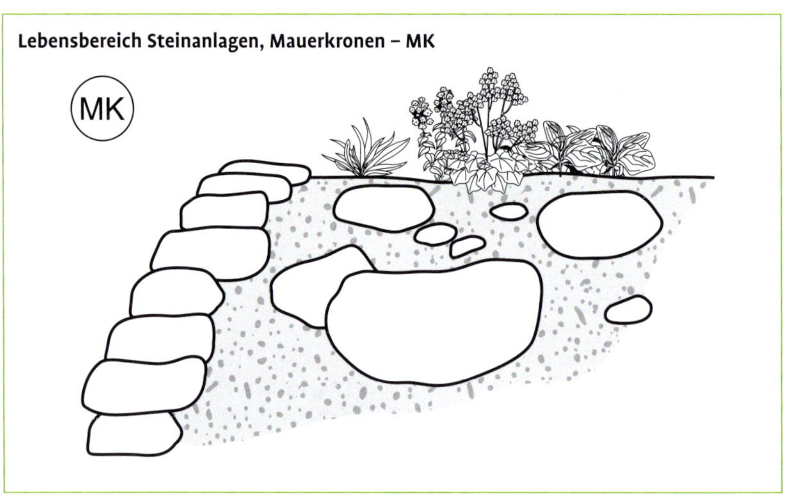

Lebensbereich Steinanlagen, Steinfugen – SF

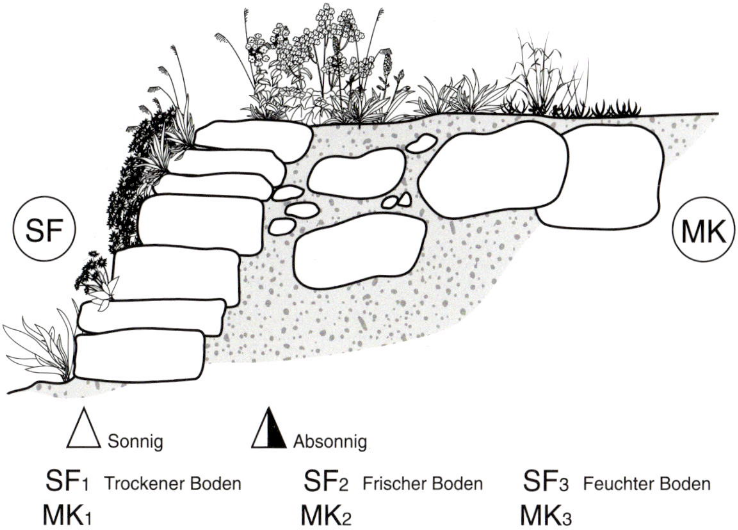

SF

MK

Sonnig

Absonnig

SF_1 Trockener Boden	SF_2 Frischer Boden	SF_3 Feuchter Boden
MK_1	MK_2	MK_3

Lebensbereich Alpinum – A

Einige herrliche, aber auch **anspruchsvolle, oft nicht sehr konkurrenzfähige** Stauden finden die besten Standorte in unterschiedlichen, meist kleinräumigen Flächen des **Alpinum (A)**.

Lebensbereich Wasserrand – WR,4 / WR,5

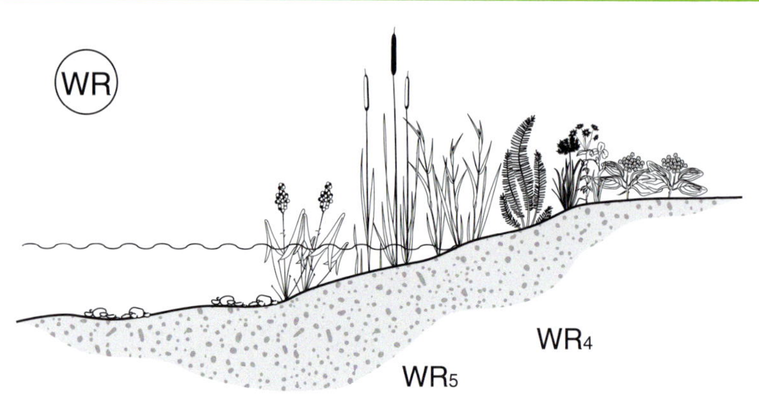

Dieser Lebensbereich wird durch große Bodenfeuchtigkeit gekennzeichnet. Es handelt sich um Standorte am Rand eines Teiches, Bachlaufs oder einer anderen Wasserfläche. Es handelt sich um feuchte bis nasse, **zeitweise abtrocknende Böden (WR,4) oder um Standorte, die dauernass sind beziehungsweise von flachem Wasser immer bedeckt sind (WR,5).** Röhrichtpflanzen fühlen sich an dem zuletzt beschriebenen Standort sehr wohl.

Lebensbereich Wasser – W,6-8

Für alle im Gartenteich üblichen Wassertiefen gibt es geeignete Stauden. Die Artenvielfalt ist in drei Gruppen unterteilt: **Schwimmblattpflanzen (W,6),** die im Boden wurzeln, ihre Blätter schwimmen auf der Wasseroberfläche. Submers **wachsende Pflanzen (W,7),** deren Blätter und Triebe unter der Wasseroberfläche wachsen. **Frei schwimmende Pflanzen (W,8).**

Staudenzüchtung

Wer aufmerksam Pflanzen in der Natur betrachtet, der kann gelegentlich Abweichungen von der Art feststellen: eine andere Blütenfarbe, gefüllte Blüten oder eine andere Wuchsform. Pflanzenliebhaber und Züchter nutzen dies, um besondere Eigenschaften einer Pflanze durch gezielte züchterische Maßnahmen hervorzuheben und zu verbessern. Meist dauert es Jahre bis feststeht, ob die Pflanze mit den veränderten Eigenschaften tatsächlich eine Verbesserung gegenüber den Ausgangsindividuen darstellt. Jahr für Jahr könnten also „neue" Pflanzen in unglaublicher Anzahl den Markt überschwemmen und für Unübersichtlichkeit sorgen, wenn sich nicht ein Gremium gebildet hätte, das den Wert einer Neuheit für Kultivateur und Vewender ermittelt.

Das Gremium, der Arbeitskreis der Staudensichtung, beobachtet die ausgepflanzte Neuheit über Jahre und gibt dann anhand seiner Beobachtungen eine Empfehlung ab. Pflanzenanbieter nutzen diese Angaben, um dem Käufer eine Orientierung zu geben.

Um das Besondere zu besitzen, geben Pflanzenliebhaber bereitwillig viel Geld aus. Die Pflanzen, die sie über den Handel erwerben, wurden meist vegetativ vermehrt, sie wurden also über Stecklinge, Abrisslinge oder Veredelungen produziert und sind identisch mit der Mutterpflanze. Generativ kann eine begehrte Neupflanze nicht mehr vermehrt werden.

Weil echte Züchtungsarbeit viel Zeit, Arbeit und oft große Flächen erfordert, befassen sich kaum Staudengärtner, sondern eher Liebhaber damit. Doch Gärtner haben durch ihre Kenntnisse und ihre Arbeit in Massenbeständen eher die Möglichkeit, Abweichungen in ihren Kulturen festzustellen und deren Bedeutung abzuschätzen.

Die züchterisch vielversprechenden, ausgewählten Individuen müssen getrennt kultiviert, beobachtet und vegetativ vermehrt werden. Als Züchter gilt nach internationalem Recht derjenige, der die Eigenschaften der Neuheit erkennt und sie dann selektiert. Ein gutes Auge und hervorragende Pflanzenkenntnisse sind dafür eine wichtige Voraussetzung.

Praxis der Staudenzüchtung

Ausleseverfahren durch Massenanzucht

Bei Aussaaten treten immer wieder Abweichungen von der Art auf. Extrem deutlich wird dies bei der generativen Vermehrung von Pflanzen, die durch Insekten bestäubt werden: Im Saatbeet entstehen ganz unterschiedliche Jungpflanzen. Ein schönes Beispiel gibt hierfür die Gattung *Sempervivum*, die Hauswurz. Ernsthafte Sammler wie der Autor Martin Haberer haben über 1000 verschiedene *Sempervivum*-Formen in ihrem Garten. Es ist kein Wunder, dass die unterschiedlichsten Kreuzungen entstehen können, da die bestäubenden Insekten, darunter Bienen, Wespen, Fliegen, wahllos eine Blüte nach der anderen besuchen. Wenn man nach der Keimung die Jungpflanzen längere Zeit beobachtet, entdeckt man immer wieder Formen, die man noch nicht in seiner Sammlung hat. Die schönsten Formen werden ausgelesen, weiter kultiviert, mit einem Sortennamen versehen und vegetativ vermehrt. Hybriden, die nur geringfügige Veränderungen gegenüber der Mutterpflanze zeigen, sollten keinen eigenen Sortennamen erhalten. Der Züchter muss immer wieder sein Ergebnis nach strengen Kriterien bewerten.

Gezielte Kreuzungen

Wenn zwei ausgesuchte Elternpflanzen einer Art, die sich durch besonders attraktive Eigenschaften auszeichnen, miteinander gekreuzt werden sollen, überträgt man den Blütenstaub (Pollen) der Vaterpflanze auf die reife Narbe der Mutterpflanze. Nach dieser künstlichen Befruchtung bildet sich dort ein Pollenschlauch, der die männlichen Zellkerne enthält. Diese vereinigen sich im Fruchtknoten mit den Kernen der weiblichen Eizelle. Durch die Verschmelzung der Zellkerne wird die Bildung des Samens ausgelöst, er enthält die Eigenschaften beider Elternpflanzen.

Die Auswahl der Elternpflanzen kann gefühlsmäßig erfolgen oder entsprechend der wissenschaftlichen Methode bestimmt werden. Die meisten Züchter hoffen auf das Zufallsprinzip, das sie meist auch nicht enttäuscht, wenn sie gute Elternpflanzen ausgewählt haben. Misserfolge muss man aber einkalkulieren – auch bei der wissenschaftlichen Methode.

Der Augustinermönch Gregor Mendel (1822 bis 1884) konnte dank seiner Kreuzungs-Experimente mit Erbsen herausfinden, nach welchen Gesetzmäßigkeiten Pflanzeneigenschaften der Eltern auf ihre Nachkommen übertragen werden. Mendel stelle fest, dass die Nachkommen der ersten Kreuzung (F1-Generation) in ihrem Erscheinungsbild einheitlicher als die Nachkommen der Folgegeneration (F2-Generation) sind. Sofort erkennbare Eigenschaften nennt man dominant. Andere, die zunächst verborgen bleiben, bezeichnet man als rezessiv, sie werden erst nach mehreren Generationen sichtbar.

Bei der gezielten Züchtung müssen die Elternpflanzen natürlich fruchtbar (fertil) sein. Immer wieder kommt es vor, dass manche Hybriden sich nicht mit anderen Arten kreuzen lassen, sie sind unfruchtbar (steril). Ein bekanntes Beispiel ist *Hosta* 'Undulata Univittata', eine alte Gartenpflanze japanischen Ursprungs. Sie ist vollkommen steril, Kreuzungen mit anderen Arten sind zwecklos. Auch bestimmte Schwertlilien-Arten lassen sich nicht miteinander kreuzen, obwohl sie zur selben Gattung gehören. Diese *Iris*-Arten sind zwar miteinander verwandt, aber ihre Verwandtschaft liegt schon zu weit auseinander. Andererseits gibt es Kreuzungen zwischen verschiedenen Gattungen einer Pflanzenfamilie. So ist × *Solidaster luteus* eine bekannte und als Schnittblume beliebte Kreuzung zwischen der Astern-Art *Aster ptarmicoides* und der Goldrute *Solidago*. Oft verhindert die unterschiedliche Anzahl der Chromosomen in den Zellkernen eine gezielte Kreuzung.

Durch verschiedene Verfahren (radioaktive Bestrahlung, Behandlung mit dem Herbst-Zeitlosen-Gift Colchizin) werden die natürlichen (diploiden)

Chromosomensätze verdoppelt (tetraploid). So entstehen Hybriden, die verbesserte Eigenschaften eines Merkmals aufweisen, z. B. bei *Iris*- und *Hemerocallis*-Hybriden sind dies oftmals größere Blüten oder kräftigere Stängel und Blätter. Bei anderen Gattungen – z. B. *Hosta* – wurde diese Vorgehensweise ebenfalls erprobt, sie zeigte jedoch weniger Wirkung.

Technik der Bestäubung: Pollen sind langlebig, sie lassen sich sogar per Post weltweit versenden. Mit Hilfe eines Pinsels oder einem Pfeifenreiniger überträgt man am frühen Morgen den Pollen auf die reife Narbe der Mutterpflanze. Dazu öffnet man mit leichtem Druck die noch geschlossene Knospe und entfernt die vorhandenen Staubblätter der Blüte, um die Selbstbestäubung zu verhindern. Den Pollen platziert man auf der Narbe. Diese wird anschließend mit Stanniolpapier oder Gaze umhüllt, damit bestäubende Insekten die Blüte nicht mehr besuchen können. Möchte man die Blüten einer Pflanze mit verschiedenen Pollen bestäuben, so werden die Pinsel vor jeder Pollenübertragung ausgekocht. Jede bestäubte Blüte wird gekennzeichnet. Nach einigen Tagen vergrößert sich der Fruchtknoten, wenn die Befruchtung erfolgreich verlaufen ist. Die Kreuzungsversuche werden im Zuchtbuch vermerkt; Datum, Nummer der Kreuzung sowie der Name der Vater- und Mutterpflanze werden dazu dokumentiert. Man sollte sich bei der Züchtung von Pflanzen nicht auf sein Gedächtnis verlassen, das Züchtungsbuch schafft im Zweifelsfall Klarheit.

Zufallskreuzungen

Manchmal entstehen durch äußere Einflüsse Mutationen, die sich positiv von der bewährten Art unterscheiden. Diese sollte man isolieren und weiter beobachten, wie sie sich verhalten. Ein gutes Beispiel hierfür ist *Luzula sylvatica,* die Waldmarbel. Auf einer Exkursion der ISU (Internationale Staudenunion) in die Tauern entdeckte ein Teilnehmer eine Mutation dieser Art, die sich durch einen besonders niedrigen Wuchs auszeichnete. Er entnahm dem Bestand ein Exemplar, vermehrte es zu Hause und nannte die neue Sorte 'Tauernpass'. Sie ist zu einem unverzichtbaren Bestandteil des Staudensortiments geworden.

Staudensichtung

Der Bund deutscher Staudengärtner hat sich unter anderem der Aufgabe verschrieben, Züchtungen zu bewerten. Karl Foerster, der Altmeister der Staudengärtner und Züchter, forderte schon 1920, in mehreren Regionen Deutschlands Schau- und Sichtungsgärten anzulegen. In ihnen sollten Neuzüchtungen aufgepflanzt, über Jahre hinweg beobachtet und nach verschiedenen Kriterien bewertet werden. Später beauftragte man das Institut für Stauden, Gehölze und angewandte Pflanzensoziologie an der Staatlichen Lehr- und Forschungsanstalt für Gartenbau in Weihenstephan mit der Staudensichtung. Von dort aus wird die Sichtungsarbeit koordiniert; die Sichtungsergebnisse werden außerdem dort gesammelt und von einem Fachgremium diskutiert. Die Ergebnisse werden dann in Fachzeitschriften veröffentlicht.

Arbeitskalender für den Staudengarten

Die Planung und Pflanzung eines Staudenbeetes ist der schöpferisch wichtigste Akt. Doch es reicht nicht aus, nach der Pflanzung die Stauden sich selbst zu überlassen. Immer wieder muss man sich um seine Schützlinge im Garten kümmern, um zu sehen, was ihnen fehlt.

Im Laufe eines Jahres fallen die unterschiedlichsten Arbeiten der Pflege und Vermehrung an.

Frühling

Vermehrung

Aussaat. Im zeitigen Frühling werden die meisten Stauden im Kasten oder im Gewächshaus ausgesät. Wichtig ist, dass jede Art oder Sorte in einem eigenen Gefäß keimt, um sorten- bzw. artenreine Bestände zu gewährleisten. Die Erdschicht, die den Samen bedeckt, darf nicht stärker ausgebracht werden, als die Samenkorngröße. Zur Aussaat werden nährstoffarme Erdsubstrate verwendet. Die Saat in den Töpfen und Schalen wird vorsichtig angegossen und dann gleichmäßig feucht gehalten. Bei steigenden Temperaturen beginnen die Samen rasch zu keimen, bei entsprechender Größe werden die Keimlinge dann vereinzelt (pikiert). Dazu ist ein Pikiersubstrat erforderlich. Später können die jungen Pflanzen in größere Töpfe mit nährstoffreicherem Substrat umgetopft werden.
Stecklinge. Nach dem Austrieb können viele Stauden durch Stecklinge vermehrt werden. Rittersporntriebe sollten etwa 8–10 cm lang sein, wenn man Stecklinge daraus gewinnen möchte. Man schneidet hierfür die hohlen Triebe mit einem Stück des knolligen Wurzelstocks ab. Auf diese Weise kann bis zur Bewurzelung des Stecklings Fäulnis verhindert werden.
Risslinge und Ausläufer. An den von der Pflanze gewonnenen Trieben haben sich bereits Wurzeln gebildet. Sie können sofort eingetopft werden.
Teilung. Diese wichtigste Vermehrungsart bei Stauden wird entweder vor oder nach der Blüte angewandt. Gräser werden im Frühling geteilt.

Pflanzung

Bei frostfreiem, abgetrocknetem Boden kann gepflanzt werden. Die wichtigste Zeit hierfür sind die Frühlingsmonate März bis Mai. Man pflanzt grundsätzlich vor oder nach der Blüte der Pflanze. Stauden mit Topfballen können auch zu einem späteren Zeitpunkt und im blühenden Stadium ausgepflanzt werden.

Der Boden sollte vor der Pflanzung gründlich vorbereitet werden. Dazu gehört das tiefe Auflockern und eine Grunddüngung mit organischen Düngemitteln. Vor allem müssen Wurzelunkräuter sorgfältig entfernt werden. Nach dem Pflanzen gründlich angießen.

Wildkräuter

Samen- und Wurzelunkräuter müssen während der Vegetationsperiode immer wieder beseitigt werden. Sie sollten möglichst schnell nach der Keimung sorgfältig entfernt werden, damit die Blüten- und Samenbildung unterbleibt.

Düngung
Im Vorfrühling wird der Kompost umgesetzt. Die dabei gewonnene 3-jährige, unkrautfreie Komposterde wird mit Torf und Sand gemischt und auf Staudenbeete 1–2 cm dick aufgetragen. Beim Austrieb im April ist für starkzehrende Staudenarten eine anorganische Düngung notwendig.

Für zierliche Felsfugenpflanzen im Steingarten verwendet man am besten einen Flüssigdünger mit geringem Stickstoffanteil. Diese Pflanzen sollten nur dann gedüngt werden, wenn es tatsächlich notwendig erscheint.

Schnitt
Im Vorfrühling werden die abgeblühten Stiele der Gräser und Stauden aus dem Vorjahr kurz über dem Boden abgeschnitten, damit die jungen Triebe wieder Platz bekommen.

Die Samenstände von sich leicht aussamenden Pflanzen (z. B. beim Steinkraut), sollten rechtzeitig entfernt werden.

Pflanzenschutz
Schnecken erscheinen schon in den ersten warmen Frühlingstagen. Sie müssen unverzüglich bekämpft werden. Man liest sie morgens und abends ab, nur in Notfällen sollte Schneckenkorn ausgelegt werden.

Da im Hausgarten keine giftigen Präparate verwendet werden dürfen, bekämpft man starken Blattlausbefall mit einer Brühe aus Neutralseife. Hier empfiehlt sich eine Dosierung von 1 cm^3 Seife auf 1 Liter Wasser.

Unerwünschte Nager werden mit entsprechenden Fallen gefangen.

Sommer

Vermehrung
Aussaat. Jetzt können kurzlebige Arten ausgesät werden (2-jährige Arten).

Samen für die Nachzucht von Wildarten können bei trockenem Wetter gesammelt, sorgfältig etikettiert und in trockenen Papiertüten aufbewahrt werden.

Teilung. Nach der Blüte können viele Stauden geteilt werden. Man nimmt etwa faustgroße Teilstücke und pflanzt diese in ein gut vorbereitetes Beet.

Wildkräuter
Samen- und Wurzelunkräuter müssen während der Vegetationsperiode immer wieder beseitigt werden. Sie sollten möglichst schnell nach der Keimung sorgfältig entfernt werden, damit die Blüten- und Samenbildung unterbleibt.

Düngung
Nur noch bis Ende Juni ist eine Düngung angebracht. Wird später gedüngt, so kann die Pflanze bis zum Herbst nicht mehr ausreifen und ist so für Erkrankungen und witterungsbedingte Schädigungen anfälliger.

Gießen
In trockenen Perioden benötigen viele Stauden öfter eine kräftige Wassergabe. Stauden sollte man niemals in der Mittagszeit mit Wasser übersprühen, da ihnen dadurch eine feuchte Atmosphäre vorgegaukelt wird. Wird der Regner dann abgestellt, so erleiden sie durch die höhere Verdunstung einen Schock und welken rascher als zuvor. Beregnet man die Pflanzen am Abend, so können Blüten und Blätter

nicht richtig abtrocknen. Es kommt leichter zu Pilzbefall. Am besten ist eine intensive Bewässerung am Morgen, ohne die Blätter zu benetzen.

Schnitt

Verblühtes wird jetzt regelmäßig entfernt. Bei Beetstauden wird dadurch der Samenansatz verhindert.

Pflanzenschutz

Regelmäßig wird der Befall durch Schnecken und Blattläuse kontrolliert und gegebenenfalls bekämpft. Sind Sommerphlox-Pflanzen mit Nematoden befallen, so gehören sie in die Mülltonne und nicht auf den Kompost. Dies gilt auch für Rittersporne, Astern und viele andere Stauden mit Pilzerkrankungen.

Aufbinden und Schneiden

Die meisten Beetstauden blühen im Sommer. Hohe Arten sollten vor dem Umfallen durch Anbinden und Stäben geschützt werden. Abgeblühtes wird sofort entfernt. Dies gilt besonders für Rittersporn. Wird er rechtzeitig zurückschnitten, blüht er im Herbst ein zweites Mal.

Pflanzung

Herbstblühende Zwiebel und Knollenpflanzen werden jetzt gepflanzt, dazu gehören Herbst-Krokus und Herbst-Zeitlose.

Herbst

Vermehrung

Teilung. Für Pfingstrosen ist dies die beste Zeit. Die Teilung des Wurzelstocks sollte vorsichtig erfolgen, um die rübenartigen Knollen nicht zu verletzen. Jede Teilpflanze muss eine Knospe am Trieb tragen, sonst ist sie wertlos.

Stecklinge. Manche Steingartengewächse mit Polsterwuchs können jetzt durch Rosettenstecklinge im Kasten vermehrt werden.

Pflanzung

Wer noch nicht sein Staudenbeet angelegt hat, kann nun bis zum Frosteintritt wieder pflanzen. Auch alle frühlingsblühenden Zwiebel- und Knollengewächse werden jetzt gesetzt.

Wildkräuter

Samen- und Wurzelunkräuter müssen während der Vegetationsperiode immer wieder entfernt werden. Sie sollten möglichst schnell nach der Keimung sorgfältig beseitigt werden, damit die Blüten- und Samenbildung unterbleibt.

Schnitt

Gelegentlich werden die Beete kontrolliert, Abgeblühtes wird entfernt. Gräser und auffällige Fruchtstände bleiben aber stehen, damit der Garten im Winter bei Rauhreif und Schnee reizvoll wirkt.

Winter

Vermehrung

Aussaat. Kaltkeimer werden in der kalten Jahreszeit ausgesät. Zu ihnen gehören viele alpine Stauden. Die Aussaatgefäße werden ins Freie gebracht, vor Vögeln geschützt und dann dem Frost und Schnee ausgesetzt, der die Keimruhe der Samen bricht.

Wurzelschnittlinge. Von verschiedenen Stauden können Wurzelschnittlinge gemacht werden (Mannstreu, Kugel-Primel, Türken-Mohn etc.). Die kräftigen Wurzeln schneidet man in 5 cm lange Stücke, legt sie in Schalen und bedeckt sie mit Vermehrungssubstrat. Die Gefäße werden frostsicher aufgestellt.

Winterschutz

Eine leichte Reisigabdeckung ist besonders bei Barfrösten zu empfehlen. Oft werden frisch gepflanzte Staudenballen durch den Frost angehoben, die Wurzeln liegen dann frei und die Pflanze vertrocknet langsam. Solche Pflanzen müssen im zeitigen Frühjahr, wenn kein Bodenfrost herrscht, wieder angedrückt werden.

Sonstiges

Jetzt bleibt Zeit für Dinge, die man während der Vegetationsperiode oft vernachlässigt: Werkzeuge werden geölt, geschärft und repariert. Ferner helfen Samen- und Pflanzenkataloge den Winter wenigstens gedanklich zu vertreiben und Planungen für das neue Gartenjahr zu beginnen. Pflanzenbestellungen sind ein netter, wenn auch oft teurer Zeitvertreib für lange Winterabende.

Synonyme

Synonym	Gültiger Pflanzenname
Actaea pachypoda	*Actaea alba*
Allium ostrowskianum	*Allium oreophilum*
Phyllitis scolopendrium	*Asplenium scolopendrium*
Alyssum saxatile	*Aurinia saxatilis*
Polygonum affine	*Bistorta affinis*
Carlina acaulis subsp. simplex	*Carlina acaulis subsp. caulescens*
Chrysanthemum indicum	*Chrysanthemum × grandiflorum*
Dendranthema × grandiflora	*Chrysanthemum indicum*
Dendranthema weyrichii	*Chrysanthemum weyrichii*
Peltiphyllum peltatum	*Darmera peltata*
Dryopteris borreri	*Dryopteris affinis*
Festuca glauca	*Festuca cinerea*
Festuca scoparia	*Festuca gautieri*
Avena sempervirens	*Helictotrichon sempervirens*
Hepatica triloba	*Hepatica nobilis var. nobilis*
Hosta fortunei	*Hosta* 'Fortunei'
Scilla hispanica	*Hyacinthoides hispanica* subsp. *hispanica*
Iris kaempferi	*Iris ensata*
Jovibarba sobolifera	*Jovibarba globifera* subsp. *globifera*
Leontopodium alpinum	*Leontopodium nivale subsp. alpinum*
Cotula squalida	*Leptinella squalida*
Buglossoides purpurocaerulea	*Lithospermum purpurocaeruleum*
Miscanthus japonicus	*Miscanthus floridulus*
Myosotis palustris	*Myosotis scorpioides*

Synonym	Gültiger Pflanzenname
Oenothera tetragona	*Oenothera fruticosa* subsp. *glauca*
Oenothera missouriensis	*Oenothera macrocarpa*
Pennisetum compressum	*Pennisetum alopecuroides*
Phlomis samia	*Phlomis russeliana*
Potentilla neumanniana	*Potentilla tabernaemontani*
Potentilla verna	*Potentilla tabernaemontani*
Primula officinalis	*Primula veris*
Corydalis lutea	*Pseudofumaria lutea*
Veronica spicata subsp. incana	*Pseudolysimachion spicatum* subsp. *incana*
Anemone pulsatilla	*Pulsatilla vulgaris*
Lychnis viscaria	*Silene viscaria*
Stachys lanata	*Stachys byzantina*
Chrysanthemum coccineum	*Tanacetum coccineum*

Bezugsquellen

Staudenbetriebe

Fehrle-Stauden, 73527 Schwäbisch-Gmünd-Lindach, www.fehrle-stauden.de

Frei Weinlandstauden, CH-8465 Wildensbuch, www.frei-pflanzenwissen.ch

Geißler, Siegfried, Alpine Stauden, 04703 Leisnig, OT Gorschmitz, www.alpinergarten.de

Gräfin von Zeppelin, 79295 Sulzburg-Laufen, www.graefin-von-zeppelin.de

Jelitto-Staudensamen, 29685 Schwarmstedt, www.jelitto.com

Sarastro-Stauden, C.H. Kreß, A-4974 Ort/Innkreis, www.sarastro-stauden.com

Schleipfer, Max, 86356 Neusäß, Tel.: 0821-464450

Simon, Werner, 97828 Marktheidenfeld, www.gaertnerei-simon.de

Staudengärtnerei Gaißmayer, Jungviehweide 3, 89257 Illertissen, www.gaissmayer.de

Stauden-Junge, 31787 Hameln, www.bluetenblatt.de

Staudenkulturen Stade, 46325 Borken, www.stauden-stade.de

Zum Weiterlesen

Erhardt, Walter; Götz, Erich; Bödeker, Nils; Seybold, Siegmund: Zander. Handwörterbuch der Pflanzennamen. 19. Auflage. Verlag Eugen Ulmer, Stuttgart, 2014.

Foerster, Karl: Blauer Schatz der Gärten. 5. Auflage. Verlag Eugen Ulmer, Stuttgart, 2015.

Gaißmayer, Dieter; von Berger, Frank M.: Alte Staudenschätze. Verlag Eugen Ulmer, Stuttgart, 2018.

Haberer, Martin: Taschenatlas Ziergräser. 188 Arten kennen und verwenden. 2. aktualisierte Auflage. Verlag Eugen Ulmer, Stuttgart, 2014.

Haberer, Martin: Was ist das? Die 120 wichtigsten Stauden. Lernkarten. 3., aktualisierte Auflage. Verlag Eugen Ulmer, Stuttgart, 2019.

Nürnberger, Sven. Wild Garden. Gärten naturalistisch gestalten. Verlag Eugen Ulmer, Stuttgart, 2019.

Orel, Christine; Nickig, Marion: Der neue Blumen- und Staudengarten. Verlag Eugen Ulmer, Stuttgart, 2004.

Oudolf, Piet; Kingsbury, Noel: Neues Gartendesign mit Stauden und Gräsern. 3. Auflage, Verlag Eugen Ulmer, Stuttgart, 2014.

Simon, Hans (Hrsg.); Jelitto, Leo; Schacht, Wilhelm; Simon, Hans: Die Freiland-Schmuckstauden. Handbuch und Lexikon der Gartenstauden. 5. Auflage. Verlag Eugen Ulmer, Stuttgart, 2002.

Thomas, Hilary; Wooster, Steven: Grundkurs Pflanzendesign. Planung und Gestaltung für jeden Gartenstil. Verlag Eugen Ulmer, Stuttgart, 2009.

Wachter, Karl; Bollerhey, Herbert; Germann, Theo: Der Wassergarten. 8. Auflage. Verlag Eugen Ulmer, Stuttgart, 2005.

Bildquellen

Titelbild: Kaspar Heißel
Hans Götz, Schiltach: 63 l, 88 r
Kaspar Heißel, Göppingen: Seite 17 r, 25 r, 35 r, 38 r, 51 l, 57 r, 61 r, 62 l, 65 r, 68 l, 71 l, 73 l, 74 r, 75 l, 85 l, 85 r, 93 r, 94 l, 101 l, 101 r, 113 r, 115 l, 118 l, 123 l, 125 l, 125 r, 126 l, 126 r, 127 l, 132 l, 133 l, 135 r, 137 l, 139 l, 143 l, 146 r, 155 l, 157 l, 158 l, 160 r, 163 r, 164 l.
Fritz Köhlein, Bindlach: Seite 12 r, 14 l, 30 l, 39 l, 46 l, 79 r, 81 l, 86 l, 87 r, 97 r, 98 l, 106 r, 108 r, 110 r, 114 l, 115 r, 118 r, 130 r, 131 l.
Thomas Muer, Telgte: Seite 40 l, 131 r, 162 l, 162 r.
Erich Pasche, Velbert: Seite 50 l.
Alle übrigen Bilder stammen von Martin Haberer, Nürtingen

Alle Zeichnungen wurden von Helmuth Flubacher nach Vorlagen des Bundes deutscher Staudengärtner gefertigt.

Dank

Wir danken dem Bund deutscher Staudengärtner für die freundliche Genehmigung, die Abbildungen und Texte zu den Lebensraumbeschreibungen nach Sieber, geändert durch Götz, verwenden zu dürfen.

Hinweis zu invasiven Pflanzenarten:

Die auf der Unionsliste invasiver Pflanzenarten aufgeführten Pflanzen wurden in diesem Buch entsprechend gekennzeichnet. Die aktuelle Liste sowie weiterführende Informationen finden Sie unter:
ec.europa.eu/environment/nature/invasivealien/list/index_en.htm
Invasive Pflanzenarten der Schweiz sind in diesem Buch nicht ausgewiesen. Informationen hierzu finden Sie unter:
https://www.infoflora.ch/de/neophyten.html

Register

Im vorliegenden Register werden nur die gebräuchlichsten deutschen Pflanzennamen aufgeführt. Pflanzennamen, die mit Sternchen (*) versehen sind, weisen auf Pflanzen hin, die nicht ausführlich vorgestellt, aber in einer Pflanzenbeschreibung erwähnt werden.

Lebensbereiche

Die in diesem Buch enthaltenen Empfehlungen und Angaben sind von den Autoren mit größter Sorgfalt zusammengestellt und geprüft worden. Eine Garantie für die Richtigkeit der Angaben kann aber nicht gegeben werden. Autoren und Verlag übernehmen keinerlei Haftung für Schäden und Unfälle. Bitte setzen Sie bei der Anwendung der in diesem Buch enthaltenen Empfehlungen Ihr persönliches Urteilsvermögen ein. Der Verlag Eugen Ulmer
ist nicht verantwortlich für die Inhalte der im Buch genannten Websites.

Bibliografische Information der Deutschen Nationalbibliothek
Die Deutsche Nationalbibliothek verzeichnet diese Publikation in der Deutschen Nationalbibliografie; detaillierte bibliografische Daten sind im Internet über http://dnb.d-nb.de abrufbar.

Wollgrasweg 41, 70599 Stuttgart (Hohenheim)
E-Mail: info@ulmer.de
Internet: www.ulmer-verlag.de
Lektorat: Bettina Brinkmann
Herstellung: Birgit Heyny
Satz: primustype Robert Hurler GmbH, Notzingen
Umschlagentwurf: Verlag Eugen Ulmer
Druck und Bindung: Firmengruppe APPL, aprinta Druck, Wemding
Printed in Germany

ISBN 978-3-8186-0955-9

Hier können Sie weiterlesen

Alte Staudenschätze.
Bewährte Arten und Sorten wiederentdecken und verwenden.
Dieter Gaißmayer,
Frank M. von Berger. 2018.
288 Seiten, 280 Farbfotos,
gebunden mit Schutzumschlag.
ISBN 978-3-8186-0083-9.

Sie möchten alles über historische Stauden wissen und überlegen, selbst alte Stauden in Ihrem Garten zu kultivieren? Dann ist das Ihr Buch! Der bekannte Staudenexperte Dieter Gaißmayer und der erfolgreiche Gartenjournalist Frank M. von Berger teilen in diesem Standardwerk ihre jahrzehntelange Erfahrung. In einem umfangreichen Porträtteil stellen sie zahlreiche historische Stauden vor und geben Ihnen wertvolle Tipps rund um Kauf und richtige Pflege. Erfahren Sie alles über die Geschichte der Staudenzüchtung, historische Wildstauden und die Kulturgeschichte der Stauden.